Gottfried Wilhelm Leibniz

La Monadologie

Essai

ISBN : 978-3-96787-285-9

10 9 8 7 6 5 4 3 2 1

Gottfried Wilhelm Leibniz

La Monadologie

Essai

Table de Matières

INTRODUCTION

I

Nous ne manquons en France ni de savantes études sur la philosophie de Leibniz, ni d'excellentes éditions de ses œuvres et particulièrement de la *Monadologie*. Pour accepter la tâche d'éditeur des *Nouveaux Essais* et de la *Monadologie*, il fallait un motif sérieux, et ce motif, nous pouvons le résumer d'un mot, *simplifier*. C'est notre expérience des classes de philosophie des lycées et des examens du baccalauréat qui nous a suggéré ce désir décidé de simplification. Nos éditions classiques de Leibniz ont presque toutes un beau défaut : ce sont des éditions savantes. Elles compliquent au lieu de la simplifier la tâche de l'élève et ne laissent plus rien à faire au maître. Sous prétexte d'un ouvrage ou même d'un fragment d'ouvrage à commenter, elles offrent au lecteur l'immensité de l'œuvre leibnizienne à parcourir et à creuser. De plus, ces savantes études que nous admirons autant que personne sont du Leibniz concentré, aliment des plus substantiels, mais qu'un estomac solide peut seul digérer et qu'une très forte organisation peut seule s'assimiler. Leibniz est plus leibnizien dans ces magistrales introductions que dans ses ouvrages, comme les Romains de Corneille sont plus Romains dans ses tragédies que dans leur histoire : excellentes pour des candidats à la licence et même à l'agrégation (ils le savent bien et s'en nourrissent), elles sont, si l'on nous permet le mot, qui est un grand éloge, détestables pour des candidats au baccalauréat. Ce n'est pas que nous répétions à leur endroit le mot de Socrate : « Que de choses ce jeune homme me fait dire auxquelles je n'ai jamais pensé ! » Car Leibniz, heureusement pour nos modernes accoucheurs d'esprits, a pensé à tout et, avec l'art de solliciter doucement les textes, il n'est rien qu'on ne trouve dans ses œuvres. « Je m'engage, disait Montesquieu, à trouver dans Cardan les pensées de quelque auteur que ce soit. » Loin de nous, par conséquent, l'intention de critiquer les diverses interprétations et les différentes reconstitutions de la pensée leibnizienne : nous les tenons toutes pour parfaitement exactes bien qu'elles ne se ressemblent pas toujours. À supposer que ces expositions du système de Leibniz soient quelquefois de belles infidèles, nous ne les admirerions guère moins puisqu'elles témoignent d'une rare vigueur philosophique.

Mais pourquoi ne pas s'effacer discrètement devant le philosophe lui-même ? Pourquoi ne pas avouer les difficultés qu'on éprouve parfois à concilier des textes inconciliables ? La poésie est plus vraie que l'histoire, Aristote l'a dit et il faut le croire, mais un système philosophique n'est pas une vérité, c'est une réalité qu'il faut prendre comme elle est. Reconstituer le système de Leibniz, c'est une belle entreprise : je connais des philosophes capables de la mener à bonne fin, mais Leibniz lui-même n'eût pu, je crois, s'en tirer avec honneur et une foule de textes l'eussent embarrassé et arrêté. On ne pense pas, on n'écrit pas soixante-dix ans et sur tous sujets, sans se contredire parfois, surtout si en même temps que philosophe on est homme du monde et, par conséquent, assez porté à modifier son dogmatisme selon l'interlocuteur, cartésien, scolastique, littérateur, mathématicien. Les antagonismes de la surface ne recouvrent pas toujours le calme et l'immobilité des eaux profondes. Tant pis pour la belle ordonnance des expositions systématiques, il faut se résigner, surtout dans un système dont l'évolution universelle est pour ainsi dire l'âme et la vie, à commenter les textes séparément. On demande à nos candidats de bien comprendre le premier livre des *Nouveaux Essais* et la *Monadologie*, pourquoi leur imposer par surcroît l'étude indirecte de tous les autres ouvrages de Leibniz ?

Comment voulez-vous que de jeunes esprits, si ouverts qu'ils soient, puissent retrouver dans les quelques textes qu'ils ont à lire et à expliquer toutes les théories que vous exposez dans vos savantes introductions ? Les voilà donc obligés, chose grave, de jurer sur la parole de l'éditeur, et cela, à propos des rares philosophes qu'ils sont obligés de connaître par eux-mêmes. Voilà l'étude du texte rejetée au second plan, bien plus, devenue gênante et réduite à une sorte de superfétation. Le commentateur s'est substitué à l'auteur : les textes rejetés honteusement à la fin du volume, dont ils ne paraissent être qu'une sorte d'appendice, ne sont plus en réalité que de très insuffisantes pièces justificatives. Il faut n'avoir jamais été soi-même écolier ou candidat, pour ne pas se douter du sort qui est réservé à ces textes inutiles et malencontreux. Tout élève et tout candidat est un Omar qui raisonne ainsi : ou le texte est conforme à l'introduction et il est inutile, ou il le contredit et il est gênant.

Conclusion : si vous voulez que nos élèves de philosophie lisent Leibniz dans le texte, gardez-vous de leur offrir un Leibniz tout étudié avant le texte ! C'est un malheur pour l'élève, parce qu'on allonge la route alors qu'il croit sincèrement qu'on l'abrège ; et c'est un malheur pour le professeur réduit à se faire (j'ai vu le cas arriver) le commentateur d'un commentateur. Voilà pourquoi, dans cette édition, on s'est contenté d'éclaircir les difficultés du texte et l'on s'est bien gardé de faire précéder ce texte d'une exposition générale de la philosophie de Leibniz. Une simple analyse des *Nouveaux Essais* ; un commentaire perpétuel de la *Monadologie* : voilà, avec une vie assez détaillée de Leibniz et des indications bibliographiques exactes et suffisamment complètes, voilà à quoi nous avons réduit, de parti pris, notre tâche d'éditeur. Il fallait analyser les *Nouveaux Essais* pour faire pénétrer la lumière dans cette forêt germanique, et il fallait employer le microscope pour distinguer les riches détails des cristaux à mille facettes ; qui sont les formules de la *Monadologie*. Mais, nous ne saurions trop le répéter aux élèves et aux candidats : mieux vaut mille fois passer une heure à s'expliquer à soi-même un texte obscur, une formule difficile, que d'employer le même temps à lire les pages les plus merveilleuses d'une introduction, les lignes les plus ingénieuses d'un commentaire.

Nous suivons le texte de l'édition Gehrardt pour les *Nouveaux Essais*, et nous profitons des excellentes corrections de MM. E. Boutroux et H. Lachelier pour la *Monadologie*. Toutefois, si nous respectons la ponctuation parce qu'elle est souvent importante pour le sens et bien qu'elle soit plus germanique que française, nous n'avons pas poussé le scrupule jusqu'à respecter l'orthographe souvent archaïque et barbare. Leibniz n'est pas un classique ; les fautes de son secrétaire n'ont rien de sacré pour nous, et nous ne croyons pas qu'il soit nécessaire de désapprendre l'orthographe pour apprendre la philosophie. Que pourraient bien gagner nos élèves à ce qu'on écrivît *essay, j'ay, la pluspart, paroistre, en effect, adjouter, tousjours*, etc., tous exemples empruntés aux six premières lignes de la Préface ?

II. LA VIE ET LES ÉCRITS DE LEIBNIZ

Godefroi-Guillaume Leibniz[1], naquit à Leipsig le 1er juillet 1640 et mourut à Hanovre le 14 novembre 1716. Il était fils de Frédéric Leibniz, jurisconsulte de valeur, professeur de morale à l'université de Leipsig, et de Catherine Schmuek, fille d'un professeur de droit, femme d'un grand mérite qui prit soin de sa première éducation, car il perdit son père à l'âge de six ans. Il perdit sa mère pendant qu'il faisait ses études à l'Université. On a discuté sur la véritable origine de sa famille et l'on n'est pas d'accord sur l'orthographe de son nom. Les uns, se prévalant de la prononciation de ce nom, qui n'est pas douteuse, lui donnent une origine slave ; les autres, par exemple Kuno Fischer, le revendiquent énergiquement pour l'Allemagne, et il est certain que ses ancêtres, au moins jusqu'à son bisaïeul, avaient résidé en Allemagne et même exercé des fonctions officielles.

Leibniz fut un *autodidacte* dans toute la force du mot. Il lut beaucoup et fort jeune, mais sans critique et guidé uniquement par ses fantaisies et ses préférences. Possesseur d'une assez riche bibliothèque que lui avait laissée son père, tout livre lui était bon et il resta persuadé toute sa vie que dans tout livre il y a du bon. C'est peut-être la première origine de son éclectisme et de son insatiable curiosité. Il apprit comme en se jouant le latin et le grec, l'histoire et les sciences, pour qu'aucun ouvrage des anciens ou des modernes ne lui demeurât inaccessible. Voici comment il parle dans une sorte d'autobiographie où il raconte cette première ivresse de son esprit : « Un penchant naturel le portait vers les livres. Se trouvant par bonheur en possession d'une bibliothèque, il s'y enfermait souvent des jours entiers, ouvrant avidement et sans choix les premiers livres qui lui tombaient sous la main, passant de l'un à l'autre selon qu'il se sentait attiré par l'agrément du style ou l'intérêt du sujet. Le hasard lui tint lieu de maître ; ou plutôt le secours divin, à défaut de tout conseil, guida sa curiosité. Il eut le bonheur de tomber d'abord sur les anciens, *in quibus initio nihil, paulatim aliquid, denique quantum satis est intelligebat* : il reçut sans y prendre garde l'empreinte de leur pensée et de leur style, comme le visage se colore sans qu'on y pense, quand on marche longtemps sous les rayons du soleil. Il y puisa une aversion profonde pour l'emphase vide et les faux ornements. Par la grandeur, l'élévation et la virilité de leurs pensées, par leur diction claire, limpide, toujours naturelle et toujours juste, ils lui causaient un si profond ravissement qu'il s'imposa dès lors comme règle d'écrire et de parler toujours clairement, de penser toujours utilement, *quærere semper in verbis cæterisque animi signis claritatem, in rebus usum*[2]. » Il resta fidèle toute sa vie à cette règle excellente de littérature et de morale, et dès l'adolescence il put en constater les merveilleux effets. « Lorsqu'il parut parmi les jeunes gens de son âge, il fut regardé comme un prodige, pour avoir compris sans secours et s'être assimilé, tout en gardant son indépendance d'esprit, la philosophie et la théologie scolastique, qui passaient pour contenir dans leur obscurité le dernier mot de la science. » Continuant ses confidences, il se dépeint passant heureusement de l'intelligence des anciens à celle des modernes par l'intermédiaire de Bacon. « Arrivé à l'adolescence, il eut la bonne fortune de trouver sous sa main le livre de François Bacon, *de Augmentis scientiarum*, les ouvrages séduisants de Cardan et de Campanella et des échantillons d'une philosophie meilleure de Képler, de Galilée, de Descartes. C'est alors, comme il l'a souvent répété à ses amis, qu'il se crut transporté dans un autre monde. Alors il crut retrouver Aristote, Platon, Archimède, Hipparque et les autres maîtres du genre humain, il lui sembla les voir et converser avec eux[3]. »

Fontenelle dit avec beaucoup d'esprit : « Cette lecture universelle et très assidue le fit devenir tout ce qu'il avait lu. Pareil, en quelque sorte, aux anciens qui avaient l'adresse de mener jusqu'à huit chevaux attelés de front, il mena de front toutes les sciences. Aussi nous sommes obligés de le partager ici, et, pour parler philosophiquement, de le décomposer. De plusieurs Hercules l'antiquité n'en a fait qu'un, et du seul Leibniz nous ferons plusieurs savants[4]. » Avant d'être un savant universel, Leibniz manifesta un goût très vif pour la littérature et la poésie. Il savait les bons poètes par cœur ; et, déjà fort vieux, occupé de mille travaux divers, il pouvait réciter Virgile presque tout entier. Il prenait plaisir à faire des vers latins. Il en composa une fois trois cents en un jour, sans se permettre une seule élision, jeu d'esprit, mais jeu difficile, dit Fontenelle qui admire particulièrement une pièce sur le phosphore où Leibniz déploie toutes les ressources d'un esprit ingénieux, tout rempli des souvenirs de la fable et pénétré de l'antiquité. Il ne faudrait pas croire que ce lecteur acharné et enthousiaste manquât de critique et se contentât d'emmagasiner dans sa mémoire ce que les anciens et les modernes ont pensé. Le hasard pouvait présider à ses lectures, mais la pénétration de son esprit précoce présidait seule au choix des doctrines. Comme Descartes enfermé dans son poêle, il délibérait avec lui-même sur ce qu'il devait garder ou rejeter. Rien de plus curieux que de voir ce philosophe de quinze ans, dans un bocage, peser et comparer gravement Platon et Aristote et se demander s'il conserverait les formes substantielles. « Étant enfant, j'appris Aristote, et même les scolastiques ne me rebutèrent point ; et je n'en suis point fâché présentement. Mais Platon aussi, dès lors avec Plotin me donnèrent quelque contentement, sans parler d'autres anciens que je consultai. Par après, étant émancipé des écoles triviales, je tombai sur les modernes ; et je me souviens que je me promenai seul dans un bocage auprès de Leipsig, appelé le Rosenthal, à l'âge de quinze ans, pour délibérer si je garderais les formes substantielles. Enfin le mécanisme prévalut et me porta à m'appliquer aux mathématiques[5]. » Ainsi se développaient les deux qualités dominantes du génie de Leibniz, la puissance de réflexion et la facilité d'assimilation. Notre méthode n'est souvent que l'histoire de notre esprit. Leibniz resta éclectique toute sa vie, mais avec deux graves réserves : il a trouvé que « la plupart des sectes ont raison dans une bonne partie de ce qu'elles avancent, mais non pas tant en ce qu'elles nient[6] ; » et s'il se plaît à « prendre le meilleur de tous côtés » c'est pour « aller après plus loin qu'on n'est allé encore[7]. » Sa préoccupation constante en lisant un livre ou en étudiant une science était la recherche de l'originalité et de la nouveauté prises l'une et l'autre dans la meilleure acception des mots. Pascal a dit avec une grande justesse « qu'à mesure qu'on a plus d'esprit on trouve qu'il y a plus d'hommes originaux[8]. » Leibniz avait assez d'esprit pour trouver de l'originalité et de la profondeur dans le plus infime des scolastiques. Quant aux sciences, il s'y intéressait moins encore pour les vérités qu'elles lui présentaient que par les découvertes qu'elles lui suggéraient. Partout et toujours il lisait entre les lignes et dans son propre esprit. « Deux choses me furent, dit-il, merveilleusement utiles, et deux choses qui, pour le plus grand nombre, ne sont pas sans dangers : c'est que j'étais en quelque sorte αὐτοδίδακτός, et que dans toutes les sciences je cherchais à découvrir quelque chose avant même d'en bien connaître les premiers éléments (*alterum quod quærerem nova in unaquaque scientia ut primum eam attingebam cum sæpe ne vulgaria quidem satis percepissem*). J'y trouvai deux avantages : le premier, de ne pas remplir mon esprit de vaines opinions qu'il eût fallu plus tard désapprendre, parce qu'elles se recommandaient plutôt par l'autorité des maîtres que par la force des preuves ; le second, de n'avoir pas de repos que je n'eusse pénétré jusqu'aux fibres et aux racines de chaque science (*alterum ut ne ante quiescerem quam ubi cujusque doctrinæ fibras ac radices essem rimatus*) et que je ne fusse parvenu jusqu'aux principes qui me donneraient les moyens de résoudre par moi-même (*proprio Marte*) toutes les questions[9]. » Cette peinture naïve des dispositions originelles d'un des esprits les plus philosophiques qui furent jamais, est du plus haut intérêt pour le psychologue. Ajoutons un trait curieux de son tempérament intellectuel : passionné pour la réflexion personnelle et la méditation, il évitait justement les ouvrages qui, par leur obscurité ou l'enchaînement logique de leurs déductions, semblent exiger le plus de réflexion et de méditation. « C'est que, dit-il, en suivant ses propres méditations, on suit un certain penchant naturel, et l'on profite avec plaisir, au lieu qu'on est gêné furieusement quand il faut suivre les méditations d'autrui. J'aimais toujours des livres qui contenaient quelques belles pensées, mais qu'on pouvait parcourir sans s'arrêter, car ils excitaient en moi des idées que je suivais à ma fantaisie et que je poussais où bon me semblait. Cela m'a encore empêché de lire avec soin des livres de géométrie, et j'ose bien avouer que je n'ai pu encore gagner sur moi de lire Euclide autrement qu'on a coutume de lire les histoires[10]. »

Leibniz quitta le gymnase à quinze ans et rentra en 1661 à l'université de Leipsig où il eut pour maître Jacques Thomasius, philosophe sans originalité, mais profondément versé dans l'histoire de la philosophie ancienne. En 1663, il écrivit une thèse remarquée sur le *Principe d'individuation* où il se prononçait pour le nominalisme. Il alla ensuite à Iéna et s'y occupa plus spécialement d'histoire sous Bovius et de mathématiques sous Ehrard Weigel. C'est alors qu'il eut la première idée de son *art combinatoire*, premier germe du projet qu'il n'abandonna jamais de fonder une *langue ou caractéristique universelle*, qui jouerait en philosophie le rôle de la notation en algèbre. Il se décida enfin pour la carrière de la jurisprudence et voulut prendre, à Leipsig, le titre de docteur en droit. Refusé sous prétexte de jeunesse, il présenta sa thèse *de Casibus perplexis in jure* à Altdorf où il fut reçu brillamment et où l'on tenta même de le retenir comme professeur. Terminons l'histoire de cette période de sa vie par le récit plaisant que nous donne Fontenelle de la manière dont Leibniz se fit affilier à la confrérie de la Rose-Croix, à Nuremberg, ville dont le séjour l'avait tenté par le mouvement littéraire et scientifique qu'il y trouvait. « Quand il eut été reçu docteur en droit à Altdorf, il alla à Nuremberg pour y voir des savants. Il apprit qu'il y avait dans cette ville une société fort cachée de gens qui travaillaient en chimie et cherchaient la pierre philosophale. Aussitôt le voilà possédé du désir de profiter de cette occasion pour devenir chimiste ; mais la difficulté était d'être initié dans les mystères. Il prit des livres de chimie, en rassembla les expressions les plus obscures, et qu'il entendait le moins, en composa une lettre inintelligible pour lui-même, et l'adressa au directeur de la société secrète, demandant à y être admis sur les preuves qu'il donnait de son grand savoir. On ne douta pas que l'auteur de la lettré ne fût un *adepte* ou à peu près. Il fut reçu avec honneur dans le laboratoire, et prié d'y remplir les fonctions de secrétaire ; on lui offrit même une pension. Il s'instruisit beaucoup avec eux, pendant qu'ils croyaient s'instruire avec lui[11]. »

III

À Nuremberg, en 1667, Leibniz avait fait la connaissance d'un des hommes les plus influents et les plus distingués de l'Allemagne, le baron de Boinebourg, ministre de l'électeur de Mayence, Jean-Philippe. L'homme politique devina les merveilleuses facultés du jeune savant et désira vivement se l'attacher. Voilà donc Leibniz sorti de l'obscurité des écoles et introduit tout à coup sur la scène brillante de la vie publique et de la politique. Il se mêla aux affaires et prit part à presque tous les grands événements du temps. Le premier résultat de sa nouvelle situation fut de lui faire entreprendre une vaste réforme du droit et de la jurisprudence. Revêtu de fonctions judiciaires importantes il applique au droit et à la jurisprudence sa méthode habituelle, c'est-à-dire qu'il fait tous ses efforts pour les systématiser et les ramener à leurs principes rationnels. « Les différentes matières du droit, dit Fontenelle, sont effectivement dans une grande confusion ; mais sa tête, en les recevant, les avait arrangées ; elles s'étaient refondues dans cet excellent moule, et elles auraient beaucoup gagné à reparaître sous la forme qu'elles y avaient prise[12]. » De cette entreprise résultèrent en 1667 et 1668 deux importantes publications, une nouvelle méthode pour apprendre et enseigner la jurisprudence (*Nova Methodus discendæ docendæque jurisprudentiæ*) et une réforme du corps du droit (*Corporis juris reconcinnandi ratio*). Cette même année vit paraître un livre de Leibniz sur l'existence de Dieu et l'immortalité de l'âme, sous le titre, donné par l'éditeur, de *Confessio naturæ contra atheistas*. Mais c'est en 1670, âgé de vingt-quatre ans, que Leibniz, selon l'expression de Fontenelle « se déclara publiquement philosophe » dans son livre sur le style philosophique de Nizolius. Signalons aussi des publications de circonstance et toutes politiques : sous le nom de *George Vlicovius*, Leibniz avait publié en 1668 un traité en faveur de Guillaume de Neubourg, comte palatin, candidat au trône de Pologne lors de l'abdication de Jean Casimir ; et sous le nom de *Cæsarinus Fustenerius*, lors de la paix de Nimègue et à propos de certaines difficultés de préséance et de cérémonial, il publia un traité en faveur des princes d'Allemagne qui n'étaient pas électeurs. Ce traité mérite d'être mentionné ; Leibniz y soutient que l'empereur d'Allemagne et le pape sont les chefs naturels de tous les États chrétiens d'occident, le pape pour le spirituel, l'empereur pour le temporel. Curieuse théorie où se révèlent d'une manière inattendue les prétentions historiques d'outre-Rhin et l'aspiration à l'hégémonie qui a éclaté de nos jours et passé ainsi des thèses d'école dans le régime politique de l'Europe. M. de Bismarck pourrait puiser des arguments dans Leibniz, et Fontenelle déjà s'arrête tout surpris devant ces prétentions germaniques et n'y voit qu'une aberration de l'esprit de système. « Cette république chrétienne, dont l'empereur et le pape sont les chefs, n'aurait rien d'étonnant si elle était imaginée par un Allemand catholique ; mais elle l'était par un luthérien ; l'esprit de système, qu'il possédait au souverain degré, avait bien prévalu à l'égard de la religion sur l'esprit de parti. » Cette fois Fontenelle se trompe c'est l'esprit national, le sang allemand qui se révèle ; Kuno Fischer a raison de revendiquer Leibniz pour l'Allemagne. À la même époque, et tout en écrivant en latin, Leibniz portait aux nues la langue allemande, *la plus philosophique de l'Europe : Illud asserere ausim, huic tentamento prebatorio atque examine philosophematum per linguam aliquam vivam, nullam esse in Europa linguam Germanica aptiorem, quia Germanica in realibus plenissima est et perfectissima, ad invidiam omnium cæterarum quum artes reales et mechanicæ a multis seculis a nulla gente sint diligentius excultæ*[13].

Déjà la *Confessio naturæ* nous montre Leibniz préludant à certaines théories de la Théodicée, par exemple quand il prouve l'existence de Dieu en soutenant que l'espace est passif et comporte une infinité de figures et de mouvements, et qu'il faut que Dieu ait éliminé ou choisi librement les figures et les mouvements qui, d'entre tous les possibles, ont été appelés à la réalité. Dans la préface du Nizolius on peut recueillir de précieuses confidences sur l'idéal de philosophe et d'écrivain philosophique que Leibniz se figurait à cette époque : c'est une sorte de Discours de la méthode et de Discours sur le style combinés, ou, pour en donner une idée moins haute et plus exacte, une sorte de prospectus et de profession de foi d'écrivain et de philosophe. Fontenelle fait un éloge bien spirituel de cette préface. « La préface annonce un éditeur et un commentateur d'une espèce fort singulière. Nul respect aveugle pour son auteur[14], nulles raisons forcées pour en relever le mérite ou pour en couvrir les défauts. Il le loue, mais seulement par la circonstance du temps où il a écrit, par le courage de son entreprise, par quelques vérités qu'il a aperçues ; mais il y reconnaît de faux raisonnements et des vues imparfaites ; il le blâme de ses excès et de ses emportements à l'égard d'Aristote, qui n'est pas coupable des rêveries de ses prétendus disciples, et même à l'égard de saint Thomas[15]. » Dans le même ouvrage, Leibniz avait publié une lettre dont le titre est significatif : *de Aristote recentioribus reconciabili.* Sa théorie du style philosophique est curieuse et instructive : il réduit à trois toutes les qualités qu'il doit avoir, la *clarté*, la *vérité* et l'*élégance*. La clarté s'entend à la fois des mots qui doivent être bien définis et de la construction qui doit être dégagée et simple, sans ornements oratoires ou poétiques. La vérité dans le style ne doit pas être confondue avec la vérité dans les idées et les jugements : le style est vrai quand il se fait sentir et goûter immédiatement à l'esprit (*nam claritatis mensura intellectus, veritatis sensus*). L'élégance consiste dans un heureux choix des mots propres à plaire au lecteur ou à l'auditeur. Quant à l'*utilité*, elle regarde le fond plus que la forme : c'est plutôt une qualité des idées que du style. Avant tout, dit-il, consultons l'étymologie et surtout l'usage ; prenons nos mots et nos tours dans la langue populaire, et évitons comme la peste les mots techniques et savants. *In vocabulis adhibendis hæc regula tenenda est, ut si origo ab usu dissentit, usum potius quam originem sequamur, sed usu vel dubio, vel repugnante, origini potius hæreamus. — Philosophi plebeiis non semper in co præstant, quod alias res sentiant, sed quod sentiant alio modo, id est oculo mentis, et cum reflexione et attentione, et rerum cum aliis comparatione. — Termini technici cane pejus et angue fugiendi sunt... porro terminis technicis, ut dixi, plane carendum, ab üsque carendum est, quoad ejus fieri potest, fieri autem semper non potest, prolixitatis causa, quæ oritura esset, si utendum esset semper vocabulis popularibus*[16]. On nous saura gré de mettre ces textes sous les yeux du lecteur : ils constituent une excellente rhétorique de la dissertation philosophique. Avouons pourtant qu'il est bon de se rappeler le précepte : « Faites ce qu'il vous dit et non pas ce qu'il fait. » Par exemple, il est certain que Leibniz ne s'est pas privé d'employer un fort grand nombre de mots techniques, et qu'il a mérité parfois le reproche qu'il adresse aux scolastiques d'abuser des métaphores, reproche aussi vrai qu'inattendu ; car, qu'est-ce qui caractérise le style pourtant si sec des scolastiques, sinon qu'il réalise constamment des abstractions, et, sous des mots abstraits et barbares, dissimule de perpétuelles métaphores ? *Quod quis miretur*, dit Leibniz, *eorum oratio tropis scatet*, et il donne comme exemples de ce défaut, l'*hæccéité*, l'*animalité*, etc., ou bien encore la définition de la cause, par Suarez : *Quod influit esse in aliud*.

Achevons rapidement le récit du séjour de Leibniz à Francfort : il y écrivit sa *Theoria motus abstracti*, qu'il dédia à notre Académie des sciences, et sa *Theoria motus concreti*, qu'il dédia à la Société royale de Londres. On sait qu'il y établit contre Descartes, que ce qui est constant dans le monde des corps, malgré les chocs innombrables et les perpétuelles redistributions de mouvements, c'est la quantité de *force* (principe de la permanence de la force ou de la conservation de l'énergie) mesurée par le produit de la masse par le carré de la vitesse, et non la quantité de *mouvement*, comme le soutenaient les cartésiens (mv^2 et non mv). Il faut aussi placer à la même époque (1671), une série de lettres à Arnaud qui prouvent que Leibniz arrêtait sa théorie de la substance en même temps que sa théorie du mouvement. C'est à propos de la question de la transsubstantiation qu'il combat la doctrine cartésienne de la substance incompatible, selon lui, et avec le dogme catholique de la transsubstantiation, et avec le dogme luthérien de la présence réelle. Sa conception nouvelle de la substance lui paraît un sûr moyen de réconcilier les deux dogmes : avant d'en faire sortir toute une métaphysique nouvelle, il s'attache à en montrer les immenses avantages théologiques. Aussi, plus tard, mêlera-t-il encore constamment l'exposition favorite de son *dynamisme* au projet de réconciliation des Églises, qu'il poursuit dans sa correspondance avec Pellisson, et de concert avec Bossuet.

IV

Après les voyages à travers les livres, les voyages à travers le monde. C'est à Paris, où il accompagnait le fils de M. de Boinebourg, que Leibniz se perfectionna dans l'étude des hautes mathématiques. Paris et la fréquentation de plusieurs hommes célèbres, notamment de Huygens, achevèrent l'édifice de ses connaissances universelles. Il lit et approfondit les ouvrages mathématiques de Pascal et, par esprit d'émulation, il invente une machine arithmétique qui exécute des multiplications, des divisions et même des extractions de racines, tandis que celle de Pascal ne pouvait faire que des additions et des soustractions. Il s'entretient de théologie avec Arnauld ; il entre en relations avec Colbert pour une mission diplomatique que son protecteur lui avait confiée, mais qui était sans doute aussi une conception de son génie ouvert à tout et original en tout. Prévoyant les dangers que la puissance et l'esprit belliqueux de Louis XIV feraient courir à l'Allemagne, il voulait détourner de son pays les armes françaises et les diriger contre les Turcs. Il conseillait la conquête de l'Égypte entreprise plus tard par Bonaparte, mais il échoua, comme on sait, dans cette négociation. Dès l'année 1671, il avait dédié à l'Académie des sciences et à la Société royale de Londres, des ouvrages de mécanique[17] ; « il semble, dit Fontenelle, qu'il ait craint de faire de la jalousie. » Cependant, il écrit en 1676, à Foucher « qu'il n'est géomètre que depuis peu[18], » et l'on trouve dans la même correspondance (1695) ce témoignage de Leibniz lui-même sur les rapports de sa philosophie avec les mathématiques. « Vous avez vu que tout mon système est fondé sur la considération de l'unité réelle qui est indestructible et *sui juris*, et dont chacun exprime l'univers tout entier d'une manière qui lui est particulière... ce qu'on trouvera d'autant plus curieux que les mathématiques y servent merveilleusement, en sorte que sans en avoir quelque teinture, il serait difficile de s'en aviser[19]. » Kuno Fischer a donc raison à tous égards d'attribuer une très grande importance au séjour de Leibniz à Paris : non seulement il fallait devenir écrivain français pour devenir un écrivain européen ; non seulement il fallait être le disciple de Pascal et de Huygens pour devenir l'émule de Newton et inventer le calcul infinitésimal ; mais encore il fallait devenir un des premiers mathématiciens du siècle pour puiser dans les mathématiques, sinon la première idée, du moins, les développements et la vérification d'un vaste système de métaphysique. À Paris, Leibniz vit aussi Malebranche qui avait publié en 1674 sa *Recherche de la vérité*, et l'on sait que l'harmonie préétablie et l'optimisme de Leibniz ont les plus grandes analogies avec les causes occasionnelles et l'optimisme de Malebranche. Peut-être même eût-il connaissance à la même époque de quelques théorèmes de Newton relatifs au *calcul des fluxions*. On voit que si Leibniz aimait, comme il le dit, à voir croître et fleurir dans le jardin d'autrui les graines qu'il avait semées, il aimait à voir aussi croître et fleurir dans son jardin des graines que d'autres y avaient apportées.

Leibniz ne fit qu'un très court séjour en Angleterre (janvier 1673). La langue anglaise ne lui fut jamais familière : « Je souhaiterais d'avoir la même connaissance de la langue anglaise (que du français) ; mais n'en ayant pas eu l'occasion, tout ce que je puis, est d'entendre passablement les livres écrits en cette langue. Et à l'âge où je suis, je doute si j'en pourrai jamais apprendre davantage. » C'est ainsi qu'il écrit à Th. Barnett en 1696, et à Coste, traducteur de Locke, en 1701 : « J'ai suivi votre version française parce que j'ai jugé à propos d'écrire mes remarques en français. Jusqu'à aujourd'hui ces sortes de recherches ne sont guère à la mode dans le pays latin. » Locke disait vers la même époque (1697) : « Il me semble que nous vivons fort paisiblement, en bon voisinage avec ces messieurs en Allemagne, car ils ne connaissent pas nos livres et nous ne lisons pas les leurs[20] ! » Les temps sont bien changés ! Anglais ou français, un ouvrage de philosophie où l'on oublierait de citer les Allemands, et surtout en allemand, serait un ouvrage discrédité d'avance, mort-né. Ici se place la grande querelle de Leibniz et de Newton à propos de l'invention du calcul infinitésimal. L'*Arithmétique des fluxions* de Newton est de 1665 ; le grand ouvrage où il l'expose dans son ensemble et d'une manière complète est de 1686 (*Principia mathematica philosophiæ naturalis*, publié en 1667, mais écrit et achevé l'année précédente). C'est en 1684, dans les *Acta eruditorum*, de Leipsig, que Leibniz publia sa *Nova methodus pro maximis ac minimis*, où se trouve contenu le « calcul différentiel. » On voit combien il est difficile de décider la question de priorité. Seulement les noms et les signes inventés par Leibniz ayant prévalu, la question s'est trouvée pour ainsi dire résolue avant d'être agitée. Quand vint la discussion devant la Société royale de Londres, qui décida en faveur de Newton (1713), chaque année écoulée avait, pour parler comme Pascal, embrouillé la matière, et les passions de coterie, l'amour propre national achevèrent de tout gâter. C'est ainsi que de nos jours on a vu une discussion semblable aboutir à une semblable confusion : ce n'est pas Ch. Bell, c'est bien Magendie qui a trouvé le premier la double racine des nerfs, mais l'opinion publique ayant été d'abord égarée, restera longtemps indécise. Il semble prouvé que Leibniz a cultivé avec génie les semences presque imperceptibles, que Newton avait répandues dans ses ouvrages. Il eut le bonheur de prévenir Newton, en publiant le premier un système complet de calcul différentiel. Il eut encore l'avantage de le surpasser en proposant un algorithme meilleur, une notation plus simple et plus pratique que la science a conservée. Le dernier mot de cette grande controverse, bien résumée par Fontenelle, appartient donc à l'auteur de *l'Éloge*. « Il est vrai que ce vol ne peut avoir été que très subtil et qu'il ne faudrait pas d'autres preuves d'un grand génie que de l'avoir fait[21]. » Cependant s'il répugne de terminer le débat par un trait et de ramener en quelque sorte à une question personnelle un grand problème de l'histoire des sciences, le génie de Leibniz n'étant pas en question, on pourra s'en tenir au jugement de Biot, et dire que Newton a plus fait pour sa gloire et Leibniz pour le progrès général de l'esprit humain.

Certes Leibniz ne fut jamais un plagiaire : comme Molière, il reprenait son bien où il le trouvait. « On ne sent aucune jalousie dans Leibniz, dit Fontenelle. Il excite tout le monde à travailler ; il se fait des concurrents s'il peut ; il ne donne point de ces louanges bassement circonspectes qui craignent d'en trop dire ; il se plaît au mérite d'autrui : tout cela n'est pas d'un plagiaire. Il n'a jamais été soupçonné de l'être en aucune occasion : il se serait donc démenti cette seule fois et aurait imité le héros de Machiavel, qui est exactement vertueux jusqu'à ce qu'il s'agisse d'une couronne. » Pourtant Leibniz a un faible : il lui répugne de passer pour disciple et son génie se révolte contre l'idée qu'on pourrait lui faire jouer ce rôle vis-à-vis de Descartes[22]. Il se défend, il est vrai, de vouloir établir sa réputation sur les ruines de celle de Descartes, il en fait souvent un éloge qu'on a tout lieu de croire sincère, mais il ne manque guère d'ajouter que sa philosophie n'est que l'antichambre de la vérité et qu'il n'est rien moins que cartésien « *fateor me nihil minus quam cartesianum esse.* » Il distingue avec soin les disciples du maître, mais il fait rejaillir sur celui-ci le reproche qu'il adresse aux autres de s'arrêter et de s'immobiliser dans une stérile admiration, sans faire aucune découverte nouvelle. Le mot de Fontenelle est ingénieux et le calcul infinitésimal est une belle couronne ou du moins le plus beau fleuron d'une couronne, mais quand il s'agit de la réforme de l'idée de substance, pivot de la philosophie de Leibniz, notre philosophe se montre aussi peu empressé à proclamer ce qu'il doit à F. Glisson dont il avait très probablement lu l'ouvrage : *Tractatus de natura substantiæ energetica, seu de vita naturæ,* publié l'année même de son séjour à Londres[23]. On peut trouver que Leibniz prodigue trop ses louanges à des auteurs de second ordre que lui seul connaît, et qu'il cite, à ce qu'il semble, pour faire parade d'érudition, ou si l'expression choque, pour faire les honneurs de sa vaste érudition, tandis qu'il remarque avec un soin trop minutieux les endroits où Descartes a manqué. Il va jusqu'à dire que « Descartes avait l'esprit assez borné. » Il déclare qu'il y a plus de vérité dans Aristote que dans Descartes ; on se demande si Aristote ne bénéficie pas de son antiquité et de la décadence du péripatétisme de l'École, bien qu'effectivement Leibniz doive beaucoup à Aristote[24]. Il aime à retrouver ses idées partout, mais, en général, il ne prête qu'aux pauvres : Aristote et saint Thomas sont des exceptions, on était arrivé à les faire passer pour tels.

Nous voici arrivés à un événement de peu d'importance qui joua un rôle considérable dans la vie de Leibniz : Jean-Frédéric de Brunswick-Lunebourg le nomma bibliothécaire à Hanovre. Ses deux premiers protecteurs, Boinebourg et l'électeur Jean-Philippe étant morts, les liens qui attachaient Leibniz à l'électorat de Mayence étaient relâchés, presque rompus ; il accepta. Le voilà désormais « philosophe de Hanovre » et presque aussi fidèle au séjour de cette ville que le « philosophe de Kœnigsberg, » Kant le fut plus tard à la ville où il naquit et où il mourut, sans l'avoir jamais quittée. Sauf quelques voyages entrepris pour compulser dans les bibliothèques d'Allemagne et d'Italie les documents relatifs à l'histoire de la famille de Brunswick, sauf un séjour de deux ans (1712-14) à Vienne où l'empereur d'Autriche l'avait appelé comme conseiller particulier, il passa les quarante dernières années de sa vie à Hanovre, comme simple directeur de la bibliothèque ducale. Cependant, avant de s'y rendre, en 1676, il alla de Paris à Londres où il fit un séjour d'une semaine et où il noua des relations avec le géomètre Collins, ami de Newton, puis passa par Amsterdam où il eut une conversation avec Spinoza. C'est à Hanovre, jouissant d'une célébrité européenne, consulté par les princes et par les savants, qu'il publiera selon les hasards des circonstances ses principaux traités philosophiques et qu'il entretiendra cette vaste correspondance politique, religieuse, scientifique, philosophique où il a semé tant d'idées et discuté tant de questions, jamais las d'exposer et de populariser ses conceptions favorites et y ramenant sans fatigue et sans effort tout ce qui fait l'objet de l'activité et de la curiosité humaines.

V

À partir de son installation à Hanovre, la biographie de Leibniz se confond absolument avec l'histoire de ses pensées et de ses écrits. C'est la période où il développe et met en lumière les immenses richesses intellectuelles accumulées dans son esprit par de si nombreuses lectures et surtout de si profondes méditations. Son génie, toujours agissant, cherchait sans cesse des moyens non seulement de répandre sa doctrine, mais de la faire passer dans les faits ; c'est un des traits de son caractère et par ce côté il ressemble à Descartes qui aspirait à nous rendre « maîtres et possesseurs de la nature ; » seulement Leibniz avait une ambition encore plus haute et semble avoir rêvé de voir la science et la philosophie maîtresses de la politique et directrices des sociétés. Du moins, par sa tentative de réconciliation des Églises, par la fondation de l'Académie de Berlin, par ses relations avec Pierre le Grand et le rêve caressé d'être le conseiller du Solon de la Russie, son séjour à Vienne où il travailla à nouer une alliance entre le czar et l'empereur, alliance qui eut été surtout dirigée contre la France, par toutes ces négociations et préoccupations diplomatiques, joua-t-il un rôle considérable dans les affaires de son temps et dans la politique de l'Europe.

Passons rapidement sur son œuvre de théologien et d'historien. Il conserva longtemps l'espoir de réconcilier les Églises, puisque sa correspondance avec Pellisson dura jusqu'à la mort de ce dernier, arrivée en 1693. Cependant Bossuet s'était, dès l'origine, montré intraitable sur le dogme et c'est vainement que Leibniz, dans son *Systema theologicum* écrit en 1686, avait essayé de formuler un credo mitoyen, pour ainsi dire, et d'appliquer à la question religieuse le large et fécond éclectisme qui lui avait si bien réussi en philosophie. On peut se demander, d'ailleurs, si Leibniz, en supposant qu'il eût réussi à entraîner Bossuet dans un système de conciliation, eût été avoué par les protestants d'Allemagne. Si religieux qu'il fût au sens le plus élevé du mot, il n'avait pas le moindre goût pour les pratiques de la religion et la forme extérieure du culte, fréquentant peu l'église, ne communiant que fort rarement. Il fut affublé en chaire, par un pasteur, d'un surnom qui voulait dire *mécréant* et qui lui resta parmi les gens du peuple. Néanmoins, on peut regarder cette tentative de réconciliation des Églises comme une des plus constantes préoccupations de Leibniz : lancer les Français sur l'Egypte, ce n'est qu'un projet du moment, une sorte d'expédient politique commandé par les circonstances, mais unir toutes les Eglises dans une même foi, c'est une pensée généreuse pour laquelle il se passionna toute sa vie, bien que Bossuet le traite « d'hérétique et d'opiniâtre » tout en s'écriant *Utinam ex nostris esset !* — Le rôle de Leibniz comme historien, s'il n'a pas le même éclat, rappelle du moins, par certains côtés originaux, la profondeur du philosophe : en premier lieu

Leibniz étudie les documents originaux exhumés par lui de la poussière des bibliothèques, chartes, traités de paix, déclarations de guerre, en un mot, tout ce qui nous met face à face et sans intermédiaire en présence des temps et des peuples qu'il s'agit de comprendre et nous fait pour ainsi dire revivre leur vie même ; en second lieu, Leibniz ne se contente pas de l'exacte vérité historique et de la parfaite couleur locale, il veut que l'historien apprenne à connaître le théâtre où l'activité humaine se déploie, les sources originelles, influences de races, de climats, de milieux, d'où découle cette activité. Il posa un des premiers dans sa *Protogæa*, qui est de 1693, le problème de l'origine du globe, et se livra dans ses *Annales Brunsvicenses* à de profondes recherches d'archéologie préhistorique, de géologie et de philologie. C'était comprendre l'histoire de la manière la plus neuve, la plus scientifique et préluder à son magnifique épanouissement dans notre siècle. Voici comment s'exprime Fontenelle sur ses *Annales* : « Elles faisaient précéder par une dissertation sur l'état de l'Allemagne tel qu'il était avant toutes les histoires, et qu'on le pouvait conjecturer par les monuments naturels qui en étaient restés, des coquillages pétrifiés dans les terres, des pierres où se trouvent des empreintes de poissons ou de plantes, et même de poissons et de plantes qui ne sont point du pays, médailles incontestables du déluge. De là, il passait aux plus anciens habitants dont on ait mémoire, aux différents peuples qui se sont succédé les uns aux autres dans ces pays, et traitait de leurs langues et du mélange de ces langues, autant qu'on en peut juger par les étymologies, seuls monuments en ces matières[25]. »

Leibniz comptait bien ne pas se contenter d'écrire l'histoire, mais laisser encore sa trace dans les événements historiques de son temps. C'est ainsi qu'après avoir échoué auprès de Louis XIV, il se tourne vers Charles XII pour arriver à la même fin : expulser d'Europe avec les Turcs les derniers vestiges de la barbarie. La défaite de Pultava brisa ces nouvelles espérances. C'est ainsi qu'il entra en relations avec le czar Pierre le Grand et lui proposa, pareil aux philosophes antiques qui conseillaient les rois et les législateurs, tout un plan d'organisation civile et intellectuelle du peuple nouveau qui, pour ainsi dire, se révélait à l'Europe. Il voulait fonder une académie, des laboratoires, des bibliothèques et eut une entrevue en 1711 avec l'empereur de Russie. Il rêve d'être le Solon de la Russie et écrit pompeusement à Hanovre que son rêve va être réalisé par Pierre le Grand. C'est ainsi, enfin, qu'appelé à Vienne comme conseiller dé l'empereur d'Autriche, il agit de tout son pouvoir contre la France et employa tous ses efforts à empêcher la paix d'Utrecht. Rappelons que ce fut alors qu'il composa la *Monadologie* pour le prince Eugène de Savoie. Leibniz n'attachait pas peu d'importance à son rôle diplomatique et l'on sent même, dans ses notes sur Descartes, une secrète envie de l'emporter encore de ce côté, et de laisser dans l'antichambre des princes le père de la philosophie moderne : « Je veux croire, dit-il, que la reine de Suède a eu beaucoup d'estime pour M. Descartes et qu'elle l'a honoré de sa confiance jusqu'à lui faire part, aussi bien qu'à M. Chanut, des dispositions qu'elle avait pour le dessein extraordinaire qu'elle a pris depuis ; mais de dire qu'elle l'ait mis de son conseil secret, c'est à quoi je ne vois pas d'apparence. J'ai su, à Rome, des personnes qui avaient eu l'honneur d'approcher souvent de la reine, qu'elle avait témoigné que M. J.-A. Borelli lui paraissait plus grand philosophe que Descartes lui-même. Je ne suis nullement de l'opinion de la reine. Cependant on voit par là que l'estime qu'elle a eue pour M. Descartes n'a pas été si grande qu'on dit ; je crois que s'il avait vécu, il aurait essuyé les inégalités de l'humeur de cette grande princesse[26]. »

Leibniz lui-même ne put se mettre complètement à l'abri des inégalités d'humeur des princes. Après la mort de la princesse électrice de Hanovre, Sophie (veuve d'Ernest-Auguste et sœur de la princesse palatine Elisabeth, à laquelle Descartes avait dédié ses *Principes de philosophie*), Leibniz cessa d'être en faveur. Le prince électeur George, devenu roi d'Angleterre, refusa les services de notre philosophe, et quand il mourut, d'une attaque de goutte, le 14 novembre 1716, le grand homme était complètement isolé, presque oublié. Il fut enterré sans pompe. Toute la cour avait été invitée à ses obsèques par le fidèle Eckard, son secrétaire, qui fut bien étonné d'accompagner tout seul son maître à sa dernière demeure. « Cependant, ajoute Fontenelle, les courtisans ne firent que ce qu'ils devaient : le mort ne laissait après lui personne qu'ils eussent à considérer et ils n'eussent rendu ce dernier devoir qu'au mérite[27]. » L'Académie de Berlin qu'il avait fondée ne songea pas à prononcer son éloge et ce fut l'Académie des sciences de Paris, qui par la bouche de Fontenelle, lui fit une magnifique oraison funèbre.

Nous avons passé sous silence la philosophie de Leibniz parce que nous la retrouverons tout entière en étudiant les *Nouveaux Essais* et la *Monadologie*. Terminons cette notice en empruntant à Fontenelle de curieux détails sur la vie intime, la manière de travailler et le caractère de Leibniz. « Il était d'une forte complexion. Il n'avait guère eu de maladies, excepté quelques vertiges dont il était quelquefois incommodé et la goutte. Il mangeait beaucoup et buvait peu, quand on ne le forçait pas, et jamais de vin sans eau. Chez lui il était absolument le maître, car il y mangeait toujours seul. Il ne réglait pas ses repas à de certaines heures, mais selon ses études. Il n'avait point de ménage[28], et envoyait quérir chez un traiteur la première chose trouvée. Depuis qu'il avait la goutte, il ne dînait que d'un peu de lait ; mais il faisait un grand souper, sur lequel il se couchait, à une heure ou deux après minuit. Souvent il ne dormait qu'assis sur une chaise, et ne s'en réveillait pas moins frais à sept ou huit heures du matin. Il étudiait de suite, et il a été des mois entiers sans quitter le siège ; pratique fort propre à avancer beaucoup un travail, mais fort malsaine. Aussi croit-on qu'elle lui attira une fluxion sur la jambe droite avec un ulcère ouvert. Il y voulut remédier à sa manière[29], car il consultait peu les médecins ; il vint à ne pouvoir presque plus marcher ni quitter le lit.

Il faisait des extraits de tout ce qu'il lisait, il y ajoutait ses réflexions, après quoi il mettait tout cela à part et ne le regardait plus. Sa mémoire, qui était admirable, ne se déchargeait point, comme à l'ordinaire, des choses qui étaient écrites ; mais seulement l'écriture avait été nécessaire pour les y graver à jamais. Il était toujours prêt à répondre sur toutes sortes de matières, et le roi d'Angleterre l'appelait son *Dictionnaire vivant*.

Il s'entretenait volontiers avec toutes sortes de personnes : gens de cour, artisans, laboureurs, soldats. Il n'y a guère d'ignorant qui ne puisse apprendre quelque chose au plus savant homme du monde ; et en tous cas le savant s'instruit encore, quand il sait bien considérer l'ignorant. Il s'entretenait même souvent avec les dames et ne comptait point pour perdu le temps qu'il donnait à leur conversation. Il se dépouillait parfaitement avec elles du caractère de savant et de philosophe, caractère cependant presque indélébile et dont elles aperçoivent bien finement et avec bien du dégoût les traces les plus légères. Cette facilité de se communiquer le faisait aimer de tout le monde. Un savant illustre qui est populaire et familier, c'est presque un prince qui le serait aussi ; le prince a pourtant beaucoup d'avantages.

Leibniz avait un commerce de lettres prodigieux. Il se plaisait à entrer dans les travaux et dans les projets de tous les savants de l'Europe ; il leur fournissait des vues ; il les animait et, certainement, il prêchait d'exemple. On était sûr d'une réponse dès qu'on lui écrivait, ne se fût-on proposé que l'honneur de lui écrire. Il est impossible que ses lettres ne lui aient emporté un temps très considérable : mais il aimait autant l'employer au profit ou à la gloire d'autrui qu'à son profit ou à sa gloire particulière.

Il était toujours d'une humeur gaie, et à quoi servirait sans cela d'être philosophe ? On l'a vu fort affligé à la mort du feu roi de Prusse et de l'électrice Sophie. La douleur d'un tel homme est la plus belle oraison funèbre.

Il se mettait aisément en colère, mais il revenait aussitôt. Les premiers moments n'étaient pas d'aimer la contradiction sur quoi que ce fût, mais il ne fallait qu'attendre les seconds ; et, en effet, ses seconds mouvements, qui sont les seuls dont il reste des marques, lui feront éternellement honneur.

On l'accuse de n'avoir été qu'un grand et rigide observateur du droit naturel. Les pasteurs lui en ont fait des réprimandes publiques et inutiles.

On l'accuse aussi d'avoir aimé l'argent. Il avait un revenu très considérable en pensions du duc de Volfembutel, du roi d'Angleterre, de l'empereur, du czar et vivait toujours assez grossièrement. Mais un philosophe ne peut guère, quoiqu'il devienne riche, tourner à des dépenses inutiles et fastueuses qu'il méprise. De plus Leibniz laissait aller le détail de sa maison comme il plaisait à ses domestiques et il dépensait beaucoup en négligences. Cependant la recette était toujours la plus forte, et on lui trouva après sa mort une grosse somme d'argent comptant qu'il avait cachée. C'était deux années de son revenu. Ce trésor lui avait causé pendant sa vie de grandes inquiétudes qu'il avait confiées à un ami ; mais il fut encore plus funeste à la femme de son seul héritier, fils de sa sœur, qui était curé d'une paroisse près de Leipsig. Cette femme, en voyant tant d'or qui lui appartenait, fut si saisie de joie qu'elle en mourut subitement. »

VI. BIBLIOGRAPHIE

Nous ne parlerons que des ouvrages philosophiques, encore ne ferons-nous qu'indiquer les principaux, car ils sont au nombre de plus de cent, si l'on joint aux ouvrages de quelque étendue les opuscules et la correspondance.

I° Ouvrages publiés par Leibniz lui-même :

De Principio individui (1663) ;

Tractatus de arte combinatoria (1666) ;

Articles dans les *Acta eruditorum* de Leipsig (à partir de 1684) ;

Articles dans le *Journal des Savants* (à partir de 1691) ;

Essais de Théodicée (1710).

II° Éditions des Œuvres de Leibniz.

Dès 1717 commence la publication des œuvres inédites (correspondance et opuscules) contenues en parties dans les archives secrètes, en partie dans la bibliothèque électorale.

1765. Raspe publie les *Œuvres philosophiques latines et françaises de feu M. Leibniz, tirées de ses manuscrits qui se conservent dans la Bibliothèque royale de Hanovre.* C'est dans cette édition que figurent pour la première fois les *Nouveaux Essais*.

1768. Édition Dutens, publiée à Genève. Elle ne mérite pas la mention qu'elle porte d'Œuvres complètes, *Opera philosophica omnia.* D'ailleurs aucune édition achevée ne la mérite encore.

1840. Édition Erdmann, la plus commode et la plus complète avant l'édition Gerhardt. Elle contient le texte inédit jusque-là de la *Monadologie*, mais il en avait déjà paru une traduction allemande en 1720 et une traduction latine en 1721.

1875. *Die Philosophischen Schriften von Gottfried Wilhelm Leibniz*, édition Gerhardt, en cours de publication. Quatre volumes ont déjà paru. Comme écrits inédits, on peut signaler des documents importants de Leibniz sur le cartésianisme.

III° Nous avons en France trois éditions de Leibniz : 1° Celle d'Amédée Jacques avec introduction (1842), bibliothèque Charpentier ; 2° celle de M. Foucher de Careil (1859-65) dont les six premiers volumes seulement ont paru. Signalons la très importante *Réfutation inédite de Spinoza*, découverte à Hanovre par le même éditeur ; 3° celle de M. Paul Janet, en deux volumes (1886), avec une introduction et des notes. Elle contient, outre l'essentiel de l'édition Erdmann, la Correspondance de Leibniz et d'Arnauld publiée pour la première fois en 1843, par Grotefend.

IV° Principaux ouvrages philosophiques de Leibniz dans l'ordre et avec la date de leur composition :

1° *Meditationes de cognitione, veritate et idæis* (1684) ;

2° *De Vera Methodo philosophiæ et theologiæ* (1690) ;

3° Correspondance avec Arnauld (1690) ;

4° Lettre sur la question de savoir si l'essence du corps consiste dans l'étendue (1691) ;

5° *De Notionibus juris et justitiæ* (1693) ;

6° *De primæ philosophiæ emendatione et de notione substantiæ* (1694) ;

7° *Système nouveau de la nature et de la communication des substances* (1695) ;

8° *De Rerum Originatione radicali* (1697) ;

9° *De Ipsa Natura, sive de vi insita actionibusque creaturarum* (1698) ;

10° *Historia et Commendatio linguæ charactericæ* (1698) ;

11° *Nouveaux Essais sur l'entendement humain* (1704) ;

12° *Considérations sur le principe de vie* (1705) ;

13° *Lettres au P. des Bosses* (1706-16) ;

14° *Commentatio de anima brutorum* (1710) ;

15° *Essais de Théodicée* (1710) ;

16° *La Monadologie* (1714) ;

17° *Principes de la Nature et de la Grâce* (1714) ;

18° *Lettre à Rémond de Montmort* (1715) ;

19° *Correspondance entre Leibniz et Clarke* (1715-16).

V°. PRINCIPAUX OUVRAGES À CONSULTER SUR LEIBNIZ

1° FONTENELLE, *Éloge de Leibniz* ;

2° GUHRAUER, *Biographie de Leibniz*, 2 vol., Breslau, 1842 ;

3° Fr. Bouillier, *Histoire de la philosophie cartésienne* ;

4° P. Janet, *Introduction aux œuvres de Leibniz* ;

5° F. Papillon, chapitre consacré à Leibniz dans son *Histoire de la philosophie moderne* ;

6° Ch. Secrétan, chapitre consacré à Leibniz dans sa *Philosophie de la liberté* ;

7° Foucher de Careil, édition inachevée de Leibniz ;

8° Zeller, *Geschichte der deutschen Philosophie seit Leibniz* ;

9° D. Nolen, *la Critique de Kant et la Métaphysique de Leibniz,* — *Quid Aristoteli Leibnizius debuerit* ;

10° Éditions classiques de la *Monadologie*, de MM. E. Boutroux et D. Nolen ;

11 ° Édition classique de la *Théodicée*, de M. H. Marion, etc. ;

12° Il semble inutile d'insister sur les bonnes histoires de la philosophie. Nous avons déjà nommé Zeller, il faut ajouter Kuno Fischer. On consultera encore avec fruit l'*Histoire de la philosophie* de Ritter et, comme ouvrages plus accessibles, nous conseillerons particulièrement l'*Histoire de la philosophie* de M. A. Fouillée et l'*Histoire de la philosophie européenne* de M. Weber.

Notes

1.   On écrit souvent Leibnitz avec un t. Nous avons opté pour l'autre orthographe : 1° parce que Leibniz signait ainsi son nom comme l'attestent entre autres les fac-similés qui accompagnent son portrait dans les éditions Gerhardt et Erdmann ; 2° parce que cette orthographe semble actuellement prévaloir en Allemagne. Citons seulement Gerhardt, le dernier éditeur de Leibniz, et E. Zeller : Geschichte der deutschen Philosophie zeit Leibniz, Dans la prononciation, il faut se rappeler que z équivaut à tz.

2.   Erdmann, 91.

3.   Ibid., 92. Nous avons emprunté en partie l'élégante traduction que M. Marion a donnée de plusieurs passages de l'écrit intitulé : In specimina Pacidii introductio historica, dans son excellente édition de la Théodicée. Pacidius, c'est Leibniz lui-même.

4.   Éloge de Leibniz, p. 104.

5.   Erdmann, 701, Lettres à Rémond de Montmort.

6.   Ibid., 702.

7.   Erdmann, Nouveaux Essais, 205.

8.   Pascal, Pensées, t. Ier, 95 (éd. E. Havet).

9.   Erdmann, 162, b, Historia et Commentatio linguæ charactericæ universalis.

10.   Gerhardt, Lettre à Foucher, t. Ier, p. 371.

11.   Fontenelle, Éloge de Leibniz, p. 112.

12.   Ibid.

13.   Erdmann, de Stylo phil. Nizolié, 62.

14.   Nizolius (1498-1566), philosophe et philologue italien, contribua à la renaissance des lettres. L'ouvrage réédité par Leibniz était une virulente attaque contre la scolastique, dont voici le titre : De veris Principiis et de vera ratione philosophandi, in-4°, 1553.

15.   Fontenelle, Éloge de Leibniz, 113.

16.   Erdmann, de Stylo phil. Niz., passim.

17.   Éloge de Leibniz, 115.

18.   Éd. Gerhardt, t. Ier, p. 371.

19.   Ed. Gerhardt, t. 1er, p. 423

20.   Ibid., t. IV. p 6, 7 et 8.

21.   Fontenelle, Éloge de Leibniz, p. 119 à 121.

22.   On trouvera tous les opuscules de Leibniz concernant Descartes dans le IVe volume de l'éd. Gehrardt, p. 274-405.

23.   Voy. la thèse de M. H. Marion, Franciscus Glissonius, et son élégante Étude de la Revue philosophique (1882, t. XIV, p. 121).

24.   Voy. M. D. Nolen, Quid Aristoteli Leibnitzius debuerit, thèse latine. N'oublions pas de signaler à cette occasion le savant et profond ouvrage du même auteur : la Critique de Kant et la métaphysique de Leibniz (Paris, 1875).

25.   Fontenelle, Éloge de Leibniz, p. 110.

26.   Gerhardt, t. IV, p. 323.

27.   Éloge de Leibniz, p. 132.

28.   « Leibniz ne s'était point marié, il y avait pensé à l'âge de cinquante ans, mais la personne qu'il avait en vue voulut avoirle

temps de faire ses réflexions. Cela donna à Leibniz le temps de faire les siennes et il ne se maria point. »

29.   Analogie avec Descartes qui voulut se soigner lui-même et dans sa dernière maladie repoussa durement les médecins qui voulaient le saigner. « Messieurs, épargnez le sang français ! » Les dernières paroles de Leibniz roulèrent sur la manière dont le fameux Fustenback avait changé la moitié d'un clou de fer en or. Les dernières paroles de Descartes furent : « Çà, mon âme, il y a longtemps que tu es captive ; voici l'heure où tu dois sortir de prison, et quitter l'embarras de ce corps ; il faut souffrir cette désunion avec joie et courage ! »

SOMMAIRE

I

La *Monadologie* est un des derniers écrits de Leibniz, puisqu'elle fut composée pendant le séjour qu'il fit à Vienne en 1714. C'est un résumé de toute la philosophie de Leibniz écrit, comme l'indique le sous-titre, en faveur du prince Eugène. Il faut donc voir dans cet ouvrage le testament philosophique de Leibniz.

Sa *Théodicée* avait paru en 1710. C'était le seul grand ouvrage que Leibniz eût encore publié. On sait que les *Nouveaux Essais* ne devaient paraître que cinquante ans après sa mort, en 1765. La *Théodicée*, où se trouvaient développées la plupart des théories métaphysiques dispersées dans la foule des articles de revues et écrits de circonstance qui avaient valu à Leibniz une réputation européenne, mit le sceau à cette réputation. Le nom de la dernière reine de Prusse, Sophie Charlotte, qui avait été l'instigatrice de l'œuvre et presque la collaboratrice de Leibniz, était une haute recommandation pour l'un et pour l'autre et protégeait l'ouvrage et l'auteur contre l'indifférence des hommes de cour pour la métaphysique. Le prince Eugène se piquait de philosophie et désira que Leibniz rendît la sienne plus accessible en l'abrégeant ; la vie des camps ne laisse pas assez de loisirs pour de longues lectures, et il faut avouer que la *Théodicée*, avec ses citations et ses digressions, ne pouvait que gagner à être abrégée. On raconte que le prince Eugène trouva la *Monadologie* si fort à son gré, qu'il en enferma le manuscrit dans une cassette, ne consentant jamais à le communiquer à personne, et le traitant comme un dévot une relique.

Le prince Eugène avait raison de regarder la *Monadologie* comme un joyau précieux ; ce mince volume contient le résultat de plus de cinquante années de méditation. Depuis 1684, Leibniz était en possession des principes de son système et travaillait sans relâche à les formuler et à les condenser. Vers 1688, dans sa correspondance avec Arnaud, on en saisit les traits essentiels quoique la substance n'y porte pas encore le nom de Monade. Le *Système nouveau de la communication des substances* (1695) est déjà tout pénétré de la doctrine des Monades. La *Théodicée* (1710) en est la plus haute application et les *Principes de la Nature et de la Grâce* (1714), contemporains de la *Monadologie*, n'en forment qu'une variante comme la *Correspondance avec Clarke* (1715-16) n'en est qu'une application particulière à des questions controversées.

On remarquera, en lisant la *Monadologie*, que Leibniz renvoie perpétuellement le lecteur à sa Théodicée. Cette circonstance importante a inspiré tout notre commentaire. Voici comment : 1° La *Monadologie* est un abrégé très substantiel de tout le leibnizianisme, intelligible peut-être à l'esprit pénétrant d'un prince Eugène, mais parfaitement inaccessible à qui n'en aurait pas la clef et ne serait pas dirigé par un guide sûr. Ces *thèses* d'ailleurs ne faisaient que *rappeler* à l'illustre lecteur les développements qu'il avait déjà lus dans la Théodicée. 2° Nous n'avons pas le droit d'admettre *a priori* que nos lecteurs ont médité sur le texte de la *Théodicée* ; nous sommes même obligés d'admettre le contraire si nous voulons être intelligible pour tous. Il faut donc respecter les intentions de Leibniz et nous reporter docilement aux passages auxquels lui-même nous renvoie. Nous y trouverons toujours l'explication développée des aphorismes trop brefs de la *Monadologie* et nous ne courrons qu'un danger facile à éviter : Leibniz, en effet, renvoie plusieurs fois aux mêmes paragraphes, et il serait évidemment oiseux et fastidieux de les remettre autant de fois sous les yeux du lecteur. Souvent même nous nous contenterons de citer, non tout le paragraphe, mais quelques développements essentiels et nous élaguerons tout le reste. Quelquefois aussi nous résumerons le paragraphe au lieu de le citer, mais toujours dans la langue même de Leibniz. 3° Enfin, nous nous souviendrons que Leibniz n'a renvoyé le lecteur qu'à la *Théodicée*, pour cette unique cause qu'elle était le seul de ses ouvrages qui fût encore publié ou du moins qui fût entre les mains du prince Eugène. Nous resterons donc fidèle à ses propres indications et nous en suivrons l'esprit sinon la lettre, en puisant également dans ses autres ouvrages et surtout dans ceux qui nous ont paru les plus complètement pénétrés de la doctrine monadologique.

Voilà comment nous éviterons de nous substituer à notre auteur et nous commenterons Leibniz par Leibniz lui-même. En lisant avec soin le texte et les notes qui portent uniquement, non sur les mots, mais sur la doctrine, en s'attachant à saisir la suite et l'enchaînement des thèses dans la brève analyse qui va suivre et en recourant, pour l'explication des mots techniques et de la terminologie leibnizienne, au lexique qui termine l'ouvrage, nos lecteurs trouveront dans ce petit volume un *Manuel complet de philosophie leibnizienne.*

Qu'on nous permette d'ajouter que, si nous ne regardions pas cette philosophie comme la plus vivante et la moins vieillie de toutes celles que l'histoire de la philosophie nous fait connaître, nous n'aurions peut-être pas eu le difficile courage de nous asservir si complètement et si scrupuleusement à une pensée étrangère. Nous ne saurions trop conseiller à nos jeunes lecteurs de s'y asservir aussi sans réserve et d'abdiquer provisoirement le sens critique : le livre lu, il sera toujours temps pour eux de se ressaisir et de secouer le joug, s'il leur semble trop dur à porter. Qu'ils essayent d'être sincèrement et entièrement leibniziens pendant qu'ils liront Leibniz ; c'est le seul moyen de pénétrer jusqu'au fond de ce système si curieux et si riche d'aperçus originaux. De cette lutte contre les difficultés d'une métaphysique qui aspire à tout embrasser dans l'immense réseau de ses explications, leur esprit sortira plus souple, plus fort et mieux armé. La métaphysique est la poésie de la philosophie ; si vous y apportez dès l'abord une disposition sceptique et railleuse, ou seulement tiède et indifférente, vous n'y verrez qu'une poésie sophistiquée et vous serez à jamais incapables d'en goûter les sublimes beautés.

II

Au premier aspect la *Monadologie* est la confusion même et il n'est pas aisé de saisir le fil conducteur qui relie les thèses entre elles. Descartes divise son *Discours de la méthode* en six parties, afin d'aider le lecteur « qui le trouverait trop long pour être lu en une fois. » Leibniz n'a pas de ces attentions pour le lecteur ; essayons donc d'y introduire les divisions générales qu'il a négligé de signaler et tâchons de le décomposer en ses articulations naturelles.

Il y aurait une division très simple, celle même de la métaphysique, qui a pour triple objet les premières causes et les dernières fins dans l'homme, dans le monde et en Dieu. Mais une difficulté se présente : Leibniz traite de l'entéléchie et de la monade (c'est-à-dire au fond du règne végétal et animal et du règne humain) dans les mêmes paragraphes, au commencement et à la fin de la *Monadologie*. Il semble revenir continuellement sur ses pas.

C'est qu'il analyse d'abord le concept de la monade en s'appuyant sur le principe de contradiction et en procédant par analogie ; il est alors enfermé dans l'être individuel pour ainsi dire, et s'applique à transformer la notion de substance et à préciser la définition de la force. Or, les monades ne se suffisent pas à elles-mêmes ; il ne trouve pas dans ces éléments de la nature leur raison d'existence. Il faut donc changer de point de vue, s'élever plus haut, remonter jusqu'à Dieu : l'ontologie devient alors théologie. Est-ce tout ? il le semble, puisque l'homme est essentiellement une monade (l'âme) qui tient sous sa dépendance d'autres monades (le corps) ; puisque le monde est constitué exclusivement par des monades ou entéléchies qui sont les analogues de l'âme (*analoga animabus*) ; puisqu'enfin le Dieu auquel Leibniz s'est élevé comme à l'être nécessaire, en vertu du principe de raison suffisante, contient l'explication ultime et de l'homme et du monde. Cependant ce serait s'arrêter en chemin : on ne peut bien comprendre l'homme et le monde qu'en les considérant du point de vue de Dieu lui-même. Autrement, le mécanisme et le dynamisme resteraient juxtaposés et l'on ne pourrait se rendre compte de leur rapport intime et de leur pénétration mutuelle ; autrement il y aurait entre les causes efficientes et les causes finales un divorce irrémédiable et le règne de la Nature ne serait pas complété par le règne de la Grâce ou il s'achève. Le point culminant de la *Monadologie*, c'est donc le concept de Dieu. Dieu est le seul point de vue duquel l'homme et le monde soient intelligibles. Seulement nous ne nous élevons pas à Dieu d'un bond pour ainsi dire (*simplici mentis intuitu*), ou, si l'on veut, il nous faut un point d'appui pour nous élancer jusqu'à lui. Voilà pourquoi la *Monadologie* comprend trois parties bien distinctes et qui n'empiètent qu'en apparence les unes sur les autres :

PREMIÈRE PARTIE (§ 1 — § 36). *Entéléchies et monades.* — Les Êtres créés (végétaux, animaux, hommes, génies), expliqués par les monades ou éléments des choses. La nature et les attributs de la monade.

DEUXIÈME PARTIE (§ 37 — § 48). *Existence et attributs de Dieu.* — La Raison suffisante (les Possibles et Dieu) des êtres créés, envisagés au double point de vue de l'essence et de l'existence.

TROISIÈME PARTIE (§48 — § 90). *Harmonie et optimisme.* — Les Êtres créés considérés comme unis entre eux par l'harmonie préétablie, comme formant un seul Univers, une seule Cité de Dieu et conçus ainsi, non plus dans leur nature individuelle, mais dans leur première cause et leur dernière fin.

PREMIÈRE PARTIE
ENTÉLÉCHIES ET MONADES (§1 — §36).

Les monades doivent être considérées dans leur *nature* et dans leur *degré de développement* ou de perfection : au premier point de vue, leur nature commune est d'être des *forces* ; au second point de vue, il y aura lieu de distinguer au-dessous de l'âme humaine (vis sui motrix, sui potens, sui conscia) ou monade douée de raison, des monades inférieures à qui conviendrait le nom d'entéléchies.

(§1 — §7). La monade est une force et diffère ainsi profondément de l'atome qui est une étendue concrète. Cette force est *simple*, c'est-à-dire sans parties ; elle est *inétendue* et l'étendue même n'est qu'un phénomène avec lequel la monade ne saurait avoir aucun rapport ; elle est donc conséquemment *sans figure* et *indivisible*. La monade est naturellement *ingénérable* et *incorruptible* ; en d'autres termes, selon les lois de la nature, elle ne peut ni naître ni périr ; elle ne peut naître que par création, périr que par annihilation. Elle est encore *inaltérable* et *immuable*, du moins pour les êtres autres que Dieu et qu'elle-même ; c'est un monde clos et hermétiquement fermé. La monade n'a pas de fenêtres.

(§8 — §17). Les attributs précédents de la monade sont surtout négatifs ; il reste à la caractériser par ses attributs positifs. En premier lieu, elle a des *perceptions*, c'est-à-dire des modifications internes qui diversifient son intérieur ; quand elle a conscience de ces modifications internes ou perceptions, elles deviennent les *aperceptions*, c'est-à-dire les perceptions qu'elle aperçoit dans sa substance ; sa vie est donc de passer d'une perception à une autre, suivant une loi interne (*lex seriei operationum suarum*), et on appelle *appétition* cette tendance de la monade à passer à des perceptions nouvelles de plus en plus distinctes. Les perceptions et les aperceptions forment une multiplicité et une variété dans l'unité. L'appétition fait de l'âme un automate spirituel.

(§18 — §36). On voit déjà que les monades diffèrent les unes des autres par leur degré de développement ou de perfection. À vrai dire, il n'y a pas de monades *nues* ; elles seraient inintelligibles et il n'y aurait pas pour elles de *désignation intrinsèque* ; mais il y a des monades qui sont réduites à la perception (sans aperception) et à l'appétition (sans volition) ; ce sont elles qui forment le règne végétal. Ce sont les entéléchies pures et simples.

Il y en a d'autres qui sont, comme la monade humaine, pourvues d'*organes sensoriels*, douées de *mémoire* et d'*imagination*, capables d'enchaîner leurs *souvenirs* et leurs *images*, selon la loi d'*association*, et d'imiter ainsi empiriquement le *raisonnement* et même la *raison* de l'homme : ce sont les animaux. Les animaux ne sont donc point des machines, mais il ne faut pas pour cela les assimiler entièrement aux hommes ; il leur manque la *Raison* et les *actes réflexifs*.

Celles qui possèdent ces deux nouveaux attributs sont les monades humaines, les âmes proprement dites ou les esprits. Seuls ils sont doués d'aperceptions distinctes, de conscience réfléchie ; seuls aussi ils connaissent vraiment les objets et raisonnent en s'appuyant sur les vérités nécessaires. La *Raison* repose sur deux principes qui la constituent tout entière : le principe de *contradiction* qui domine toute la logique et le principe de *raison suffisante* qui est l'âme de la métaphysique. Il y a deux sortes de vérités, celles de *fait* et celles de *raisonnement*. C'est d'ailleurs une remarque faite précédemment par Leibniz que nous possédons, comme les bêtes, cette sorte de raisonnement empirique et de consécution d'images qui simulent en elles le raisonnement véritable. C'est une autre remarque importante que le *présent* est gros de l'*avenir* et que chaque état psychique, ayant sa cause dans celui qui le précède immédiatement, il ne saurait y avoir de sommeil sans vagues perceptions ou sans rêves. Une perception ne peut naître naturellement que d'une perception.

DEUXIÈME PARTIE
EXISTENCE ET ATTRIBUTS DE DIEU (§36 — §48).

Dieu doit être étudié comme les monades elles-mêmes (il est la monade des monades) au double point de vue de son existence et de ses attributs.

(§37 — §45). La série indéfinie des êtres ne saurait contenir en elle-même la cause et la raison de son existence, puisque chaque être ne les contient pas en soi et n'est qu'une vérité de fait, c'est-à-dire *contingente* ; c'est la preuve *a posteriori* dite *a contingentia mundi.*

Dieu n'est pas seulement la source des existences, mais encore celle des essences. Il faut s'entendre pourtant : les essences peuvent jusqu'à un certain point se concevoir indépendamment de Dieu ; mais leur simple possibilité logique n'a aucun rapport avec l'existence. Or il est de l'essence des véritables possibles de tendre à l'existence, d'y prétendre, et cette tendance qui est déjà un commencement de réalité, ils la tiennent de Dieu ; sans Dieu, il est donc vrai de dire que non seulement rien ne serait réel, mais que rien ne serait vraiment possible ; c'est la preuve fondée sur les essences ou vérités éternelles. Dieu est l'entendement en qui elles subsistent éternellement.

Mais Dieu lui-même, qui rend tels tous les possibles, est-il possible ? Oui, puisque son essence absolument positive ne saurait envelopper rien de contradictoire. Toutefois, n'est-ce pas une possibilité purement logique ? Les autres possibles (logiques) empruntent leur possibilité (réelle) à Dieu. Il faudrait donc que Dieu fût *causa sui*, et Leibniz ne le dit pas ; il donne, au contraire, à l'entendement la priorité sur la volonté. Il conclut néanmoins que Dieu est l'être dont l'essence enveloppe l'existence, en d'autres termes, qu'il existe par cela seul qu'il est possible ; c'est la preuve ontologique de saint Anselme et de Descartes.

(§46 — § 48). Le Dieu de Leibniz ne crée pas, comme le Dieu de Descartes, les vérités éternelles ; il semble qu'il les trouve éternellement existantes dans son entendement.

Sa volonté, au contraire, crée les êtres contingents en tenant compte du degré de perfection qu'ils ont déjà dans le monde des possibles.

Dieu ne crée donc pas les êtres bons ou mauvais ; ils le sont de toute éternité et il ne fait que les transporter de la région des essences dans le monde des existences. Il se règle sur le principe de la *convenance* et choisit toujours le *meilleur.*

Quand Leibniz veut donner une idée du *fiat* divin, il n'emploie pas les mots habituels de création, d'émanation, de production, mais celui de *fulgurations*.

Dieu possède *éminemment* tout ce qu'il y a en nous de réalité positive : l'âme est une force et Dieu possède la *puissance* (toute-puissance) ; l'âme a des perceptions et des aperceptions et Dieu possède la *connaissance* (omniscience) ; l'âme est douée d'appétition et de volition et Dieu possède la *volonté* (liberté absolue et absolue bonté).

TROISIÈME PARTIE
HARMONIE ET OPTIMISME (§48 — §90).

Le monde est essentiellement la liaison ou l'union de tous les êtres créés en un seul tout ; or, ici encore doivent se présenter deux questions, l'une sur la nature de cette union des êtres en un seul monde, l'autre sur sa qualité, en d'autres termes, son caractère moral. Le plan de la *Monadologie* est donc uniforme ; chacune des trois parties que nous avons signalées se subdivise elle-même en deux parties et l'on pourra, si on le trouve plus commode, reconnaître tout d'abord six divisions : 1° la Substance ou la Force ; 2° les Perceptions et les Aperceptions ; 3° Preuves de l'existence de Dieu ; 4° Détermination de ses Attributs ; 5° l'Harmonie préétablie ; 6° l'Optimisme.

(§49 — § 60). L'*action* de la monade consiste dans ses perceptions distinctes : elle est tout immanente, nullement transitive. La *passion* consiste dans ses perceptions confuses. L'influence des monades les unes sur les autres est purement *idéale*.

Tout se passe cependant dans le monde comme si les monades agissaient effectivement les unes sur les autres, par exemple, comme si l'âme agissait sur le corps et le corps sur l'âme. De cet accord parfait des monades résulte l'*harmonie préétablie*. Dieu a tout préordonné : chaque monade est représentative de l'univers et par conséquent subordonnée au tout ; mais l'univers à son tour est ordonné de manière à correspondre exactement à ce monde en raccourci de perceptions et d'aperceptions que chaque monade porte en elle-même. Le macrocosme et le microcosme se correspondent exactement ; les mêmes dessins sont figurés sur la sphère infinie et sur l'imperceptible point géométrique. Ce qu'il y a de beau dans la géométrie extérieure ou mécanique existe éminemment dans l'âme.

Le monde existe donc autant de fois qu'il y a d'âmes et d'entélé-chies ; c'est un des caractères de sa perfection relative. Il a été choisi parmi tous les mondes possibles à cause de son excellence. Il offre au plus haut point les deux caractères de la perfection, l'*ordre* inal-térable et la *variété* infinie. Quant aux imperfections qu'il contient, au *mal* physique, métaphysique et moral, il n'a pas sa cause en Dieu, mais dans les essences éternelles et dans l'insuffisante récep-tivité des créatures (*causa deficiens*). À vrai dire, le mal n'est pas ; il n'y a qu'un moindre bien.

Les monades vont toutes confusément à l'infini, mais elles ne sau-raient développer tout d'un coup tous leurs replis : de là une hié-rarchie dans les êtres. On peut affirmer qu'il n'y a pas de *purs* es-prits, qu'il ne saurait en exister (Dieu excepté) ; le corps est le point de vue de la monade, et comme tel nécessaire à son existence.

(§63 — §81). Nulle part, dans la nature, ne règnent donc la *tor-peur* et l'*inertie* ; tout est organique, tout est vivant. Partout les entéléchies et les âmes sont représentatives de l'univers, mais avec une conscience inégale. Les composés symbolisent avec les simples et même leur sont nécessaires puisqu'il n'y a pas d'âmes sé-parées. Le flux perpétuel des éléments du corps ne peut entraîner tout ce qui entre dans sa constitution actuelle. Il n'y a ni *génération*, ni *mort* (prise à la rigueur) : génération, c'est *développement* ; mort, c'est *enveloppement*.

L'origine des formes (ou entéléchies, ou âmes) a fort divisé les philosophes ; Leibniz est partisan de l'emboîtement des germes ou *préformation*.

Quelle est l'origine de la Raison dans l'homme ? Leibniz ne s'ex-plique pas sur ce difficile problème. Il déclare seulement que les deux règnes, celui des causes efficientes et celui des causes finales sont *harmoniques* entre eux et, ailleurs, que les lois du monde et Dieu lui-même sont en quelque sorte innés à l'âme et, sans doute, constituent la raison quand l'homme prend conscience en lui-même et des lois du monde et de l'idée de Dieu. Il déclare aussi que l'âme ne peut pas changer ces lois du monde et que ce serait les changer véritablement que de modifier la quantité de force ou de mouvement créée une fois pour toute à l'origine des choses. L'âme, quoi qu'en dise Descartes, ne peut même changer la direction de ce mouvement.

(§81 — §90). Les âmes agissent donc comme s'il n'y avait pas de corps et les corps comme s'il n'y avait pas d'âmes ; les âmes, selon la loi des causes finales, par appétitions, fins et moyens ; les corps, selon la loi des causes efficientes ou des mouvements.

En tant non plus que représentatives de l'univers, mais qu'images de la divinité, les âmes raisonnables constituent la *Cité de Dieu*, cité éternelle comme Dieu lui-même et comme les âmes qui sont non seulement impérissables, mais immortelles et conserveront toujours, avec un corps organique, de la mémoire et de l'imagination. Cette cité de Dieu s'appelle encore le *Règne moral de la Grâce*, en prenant ce dernier mot dans un sens tout philosophique.

Le règne de la Grâce ne fait que continuer le règne de la Nature, loin de contrarier ses lois : c'est donc mécaniquement et en vertu même de la structure de l'univers que les bonnes actions s'attireront la récompense, et les mauvaises la punition.

Cette vue complète le système de l'optimisme ; Dieu a choisi le meilleur des mondes ; le monde choisi par Dieu est moralement aussi bien que métaphysiquement le meilleur possible. L'optimisme est fondé non *a posteriori* et sur les faits (qui ne nous sont connus qu'isolés et incomplètement), mais *a priori* sur les trois attributs divins énumérés précédemment : en vertu de son *intelligence*, Dieu connaît le meilleur des mondes ; en vertu de sa *puissance*, il est capable de lui donner l'existence ; et en vertu de sa *bonté*, il le choisit par une *nécessité morale* bien différente de la nécessité métaphysique. « Tout doit réussir au bien des bons » : il ne faut donc pas jouer le rôle de « mécontents » dans la cité de Dieu ; car être persuadé que tout est pour le mieux, ce n'est pas seulement une force morale et un perpétuel encouragement, c'est encore un devoir et même, peut-on dire, le plus strict et le plus obligatoire de tous les devoirs, puisque c'est croire au bien et à Dieu.

LA MONADOLOGIE[1]

(PRINCIPIA PHILOSOPHIÆ, SEU THESES IN GRATIAM PRINCIPIS
EUGENII CONSCRIPTÆ)

1714

1[2]. La *Monade* dont nous parlerons ici n'est autre chose, qu'une substance simple, qui entre dans les composés, simple, c'est-à-dire sans parties (*Théod.*, §10).

2[3]. Et il faut qu'il y ait des substances simples puisqu'il y a des composés ; car le composé n'est autre chose, qu'un amas, ou *aggregatum* des simples.

3[4]. Or là, où il n'y a point de parties, il n'y a ni étendue, ni figure, ni divisibilité possible. Et ces Monades sont les véritables Atomes de la Nature et en un mot les Éléments des choses.

4[5]. Il n'y a aussi point de dissolution à craindre, et il
n'y a aucune manière concevable par laquelle une substance simple puisse périr naturellement (§89).

5[6]. Par la même raison, il n'y en a aucune par laquelle une substance simple puisse commencer naturellement, puisqu'elle ne saurait être formée par composition.

6[7]. Ainsi, on peut dire que les Monades ne sauraient commencer, ni finir, que tout d'un coup, c'est-à-dire, elles ne sauraient commencer que par création, et finir par annihilation ; au lieu que ce qui est composé commence ou finit par parties.

7[8]. Il n'y a pas moyen aussi d'expliquer comment une Monade puisse être altérée, ou changée dans son intérieur par quelque autre créature ; puisqu'on n'y saurait rien transposer, ni concevoir en elle aucun mouvement interne, qui puisse être excité, dirigé, augmenté ou diminué là dedans ; comme cela se peut dans les composés, où il y a du changement entre les parties. Les Monades n'ont point de fenêtres, par lesquelles quelque chose y puisse entrer ou sortir. Les accidents ne sauraient se détacher, ni se promener hors dès substances comme faisaient autrefois les espèces sensibles des scolastiques. Ainsi, ni substance ni accident ne peut entrer de dehors dans une Monade.

8⁹. Cependant il faut que les Monades aient quelques qualités, autrement ce ne seraient pas même des Êtres. Et si les substances simples ne différaient point par leurs qualités, il n'y aurait point de moyen de s'apercevoir d'aucun changement dans les choses, puisque ce qui est dans le composé ne peut venir que des ingrédients simples ; et les Monades étant sans qualités, seraient indistinguables l'une de l'autre, puisqu'aussi bien elles ne diffèrent point en quantité ; et par conséquent, le plein étant supposé, chaque lieu ne recevrait toujours dans le mouvement que l'équivalent de ce qu'il avait eu, et un état des choses serait indistinguable de l'autre.

9¹⁰. Il faut même, que chaque Monade soit différente de chaque autre ; car il n'y a jamais dans la nature deux êtres, qui soient parfaitement l'un comme l'autre, et où il ne soit possible de trouver une différence interne ou fondée sur une dénomination intrinsèque.

10¹¹. Je prends aussi pour accordé que tout être créé est sujet au changement, et par conséquent la Monade créée aussi, et même que ce changement est continuel dans chacune.

11¹². Il s'ensuit de ce que nous venons de dire, que les changements naturels des Monades viennent d'un *Principe interne*, puisqu'une cause externe ne saurait influer dans son intérieur (§§396, 400).

12¹³. Mais il faut aussi qu'outre le principe du changement il y ait un *détail de ce qui change*, qui fasse pour ainsi dire la spécification et la variété des substances simples.

13¹⁴. Ce détail doit envelopper une multitude dans l'unité ou dans le simple. Car tout changement naturel se faisant

par degrés, quelque chose change et quelque chose reste ; et par conséquent il faut que dans la substance simple il y ait une pluralité d'affections et de rapports, quoiqu'il n'y en ait point de parties.

14¹⁵. L'état passager, qui enveloppe et représente une multitude dans l'unité ou dans la substance simple, n'est autre chose que ce qu'on appelle la *Perception* qu'on doit distinguer de l'aperception ou de la conscience, comme il paraîtra dans la suite. Et c'est en quoi les cartésiens ont fort manqué, ayant compté pour rien les perceptions dont on ne s'aperçoit pas. C'est aussi ce qui les a fait croire que les seuls Esprits étaient des Monades, et qu'il n'y avait point d'Âmes des Bêtes ni d'autres Entéléchies ; et qu'ils ont confondu avec le vulgaire un long étourdissement avec une mort à la rigueur, ce qui les a fait encore donner dans le préjugé scolastique des âmes entièrement séparées, et a même confirmé les esprits mal tournés dans l'opinion de la mortalité des âmes.

15[16]. L'action du principe interne qui fait le changement ou le passage d'une perception à une autre peut être appelée *Appétition* ; il est vrai que l'appétit ne saurait toujours parvenir entièrement à toute la perception, où il tend, mais il en obtient toujours quelque chose, et parvient à des perceptions nouvelles.

16[17]. Nous expérimentons en nous-mêmes une multitude dans la substance simple, lorsque nous trouvons que la moindre pensée, dont nous nous apercevons, enveloppe une variété dans l'objet. Ainsi, tous ceux qui reconnaissent que l'âme est une Substance simple, doivent reconnaître cette multitude dans la Monade ; et Monsieur Bayle

ne devait point y trouver de la difficulté, comme il a fait dans son Dictionnaire, Article *Rorarius*.

17[18]. On est obligé d'ailleurs de confesser que la *Perception* et ce qui en dépend, *est inexplicable par des raisons mécaniques*, c'est-à-dire, par les figures et par les mouvements. Et feignant qu'il y ait une Machine, dont la structure fasse penser, sentir, avoir perception ; on pourra la concevoir agrandie en conservant les mêmes proportions, en sorte qu'on y puisse entrer, comme dans un moulin. Et cela posé, on ne trouvera en la visitant au dedans, que des pièces qui se poussent les unes les autres, et jamais de quoi expliquer une perception. Ainsi c'est dans la substance simple, et non dans le composé ou dans la machine, qu'il la faut chercher. Aussi n'y a-t-il que cela qu'on puisse trouver dans la substance simple, c'est-à-dire, les perceptions et leurs changements. C'est en cela seul aussi que peuvent consister toutes les *Actions internes* des substances simples. (*Préf.****, 2 *b*.)

18[19]. On pourrait donner le nom d'Entéléchies à toutes les substances simples, ou Monades créées, car elles ont en elles une certaine perfection (ἔχουσι τὸ ἐντελές), il y a une suffisance (αὐτάρκεια) qui les rend sources de leurs actions internes et, pour ainsi dire, des Automates incorporels (§87).

19[20]. Si nous voulons appeler Âme tout ce qui a *perceptions* et *appétits* dans le sens général que je viens d'expliquer, toutes les substances simples ou Monades créées pourraient être appelées Âmes ; mais comme le sentiment est quelque chose de plus qu'une simple perception, je consens que le nom général de Monades et d'Entéléchies suffise aux substances simples, qui n'auront que cela ; et qu'on appelle *Âmes* seulement celles dont la perception est plus distincte et accompagnée de mémoire.

20[21]. Car nous expérimentons en nous-mêmes un État, où nous ne nous souvenons de rien et n'avons aucune perception distinguée, comme lorsque nous tombons en défaillance ou quand nous sommes accablés d'un profond sommeil sans aucun songe. Dans cet état, l'âme ne diffère point sensiblement d'une simple Monade ; mais comme cet état n'est point durable, et qu'elle s'en tire, elle est quelque chose de plus (§64).

21[22]. Et il ne s'ensuit point, qu'alors la substance simple soit sans aucune perception. Cela ne se peut pas même par les raisons susdites ; car elle ne saurait périr, elle ne saurait aussi subsister sans quelque affection, qui n'est autre chose, que sa perception : mais quand il y a une grande

multitude de petites perceptions, où il n'y a rien de distingué, on est étourdi ; comme quand on tourne continuellement d'un même sens plusieurs fois de suite, où il vient un vertige qui nous peut faire évanouir et qui ne nous laisse rien distinguer. Et la mort peut donner cet état pour un temps aux animaux.

22[23]. Et comme tout présent état d'une substance simple est naturellement une suite de son état précédent, tellement que le présent y est gros de l'avenir (§ 360) ;

23[24]. Donc puisque réveillé de l'étourdissement on s'aperçoit de ses perceptions, il faut bien qu'on en ait eu immédiatement auparavant, quoiqu'on ne s'en soit point aperçu ; car une perception ne saurait venir naturellement que d'une autre perception, comme un mouvement ne peut venir naturellement que d'un mouvement (§ 401-403).

24[25]. L'on voit par là que si nous n'avions rien de distingué et, pour ainsi dire, de relevé et d'un plus haut goût dans nos perceptions, nous serions toujours dans l'étourdissement. Et c'est l'état des Monades toutes nues.

25[2627]. Aussi voyons-nous que la Nature a donné des perceptions relevées aux animaux, par les soins qu'elle a pris de leur fournir des organes, qui ramassent plusieurs rayons de lumière ou plusieurs ondulations de l'air, pour les faire avoir plus d'efficace par leur union. Il y a quelque chose d'approchant dans l'odeur, dans le goût et dans l'attouchement et peut-être dans quantité d'autres sens, qui nous sont inconnus. Et j'expliquerai tantôt comment ce qui se passe dans l'âme représente ce qui se fait dans les organes.

26[28]. La mémoire fournit une espèce de *consécution* aux âmes, qui imite la raison, mais qui en doit être distinguée.

C'est que nous voyons, que les animaux ayant la perception de quelque chose qui les frappe et dont ils ont eu perception semblable, auparavant, s'attendent par la représentation de leur mémoire à ce qui y a été joint dans cette perception précédente, et sont portés à des sentiments semblables à ceux qu'ils avaient pris alors. Par exemple : quand on montre le bâton aux chiens, ils se souviennent de la douleur qu'il leur a causée, et crient et fuient (*Prélimin.*, §65).

27[29]. Et l'imagination forte qui les frappe et émeut, vient ou de la grandeur ou de la multitude des perceptions précédentes. Car souvent une impression forte fait tout d'un coup l'effet d'une longue habitude ou de beaucoup de perceptions médiocres réitérées.

28[30]. Les hommes agissent comme les bêtes, en tant que les consécutions de leurs perceptions ne se font que par le principe de la mémoire ; ressemblant aux Médecins

Empiriques, qui ont une simple pratique sans théorie ; et nous ne sommes qu'Empiriques dans les trois quarts de nos actions. Par exemple, quand on s'attend qu'il y aura jour demain, on agit en Empirique parce que cela s'est toujours fait ainsi, jusqu'ici. Il n'y a que l'Astronome qui le juge par raison.

29[31]. Mais la connaissance des vérités nécessaires et éternelles est ce qui nous distingue des simples animaux et nous fait avoir la *Raison* et les sciences, en nous élevant à la connaissance de nous-mêmes et de Dieu. Et c'est ce qu'on appelle en nous Âme raisonnable ou *Esprit*.

30[32]. C'est aussi par la connaissance des vérités nécessaires et par leurs abstractions, que nous sommes élevés aux *actes réflexifs*, qui nous font penser à ce qui s'appelle *Moi*, et à considérer que ceci ou cela est en Nous : et c'est ainsi qu'en pensant à nous, nous pensons à l'Être, à la substance, au simple ou au composé, à l'immatériel et à Dieu même ; en concevant que ce qui est borné en nous est en lui sans bornes. Et ces Actes réflexifs fournissent les objets principaux de nos raisonnements (*Préf.*, ***, 4 *a*).

31[33]. Nos raisonnements sont fondés sur *deux grands Principes, celui de la Contradiction*, en vertu duquel nous jugeons faux ce qui en enveloppe, et *vrai* ce qui est opposé ou contradictoire au faux (§§44, 169) ;

32[34]. Et *celui de la Raison suffisante*, en vertu duquel nous considérons qu'aucun fait ne saurait se trouver vrai ou existant, aucune Énonciation véritable, sans qu'il y ait une raison suffisante pourquoi il en soit ainsi et non pas autrement. Quoique ces raisons le plus souvent ne puissent point nous être connues (§§44, 196).

33[35]. Il y a aussi deux sortes de *vérités*, celles de *Raisonnement* et celles de *Fait*. Les vérités de Raisonnement sont nécessaires, et leur opposé est impossible, et celles de Fait sont contingentes, et leur opposé est possible. Quand une vérité est nécessaire, on peut en trouver la raison par l'analyse, la résolvant en idées et en vérités plus simples jusqu'à ce qu'on vienne aux primitives (§§170, 174, 189, 280-282, 367 ; *Abr.*, obj. 3).

34. C'est ainsi que chez les Mathématiciens, les *Théorèmes* de spéculation et les *Canons* de pratique sont réduits par l'analyse aux *Définitions, Axiomes* et *Demandes*.

35[36]. Et il y a enfin des idées simples dont on ne saurait donner la définition ; il y a aussi des Axiomes et Demandes, ou en un mot des *principes primitifs*, qui ne sauraient être prouvés et n'en ont point besoin aussi ; et ce sont les *Énonciations identiques*, dont l'opposé contient une contradiction expresse.

36[37]. Mais la *raison suffisante* se doit aussi trouver dans les *vérités contingentes* ou *de fait*, c'est-à-dire, dans la suite des choses répandues par l'univers des créatures, où la Résolution en raisons particulières pourrait aller à un détail sans bornes, à cause de la variété immense des choses de la Nature et de la division des corps à l'infini. Il y a une infinité de figures et de mouvements présents et passés, qui entrent dans la cause efficiente de mon écriture présente ; et il y a une infinité de petites inclinations et dispositions de mon âme, présentes et passées, qui entrent dans la cause finale (§§36, 37, 44, 45, 49, 52, 121, 122, 337, 340-344).

37[38]. Et comme tout ce *détail* n'enveloppe que d'autres contingents antérieurs ou plus détaillés, dont chacun a encore besoin d'une analyse semblable pour en rendre raison, on n'est pas plus avancé : et il faut que la raison suffisante ou dernière soit hors de la suite ou *séries* de ce détail des contingences, quelqu'infini qu'il pourrait être.

38[38]. Et c'est ainsi que la dernière raison des choses doit être dans une Substance nécessaire, dans laquelle le détail des changements ne soit qu'éminemment, comme dans la source : et c'est ce que nous appelons *Dieu* (§7).

39[38]. Or cette substance étant une raison suffisante de

tout ce détail, lequel aussi est lié par tout, *il n'y a qu'un Dieu, et ce Dieu suffit.*

40[39]. On peut juger aussi que celle substance suprême qui est unique, universelle et nécessaire, n'ayant rien hors d'elle qui en soit indépendant, et étant une suite simple de l'être possible, doit être incapable de limites et contenir tout autant de réalité qu'il est possible.

41. D'où il s'ensuit que Dieu est absolument parfait ; la *perfection* n'étant autre chose que la grandeur de la réalité positive prise précisément, en mettant à part les limites ou bornes dans les choses qui en ont. Et là où il n'y a point de bornes, c'est-à-dire en Dieu, la perfection est absolument infinie (§22 ; *Préf.*, *** *a*).

42[40]. Il s'ensuit aussi que les créatures ont leurs perfections de l'influence de Dieu, mais qu'elles ont leurs imperfections de leur nature propre, incapable d'être sans bornes. Car c'est en cela qu'elles sont distinguées de Dieu. Cette *imperfection originale* des créatures se remarque dans l'*inertie naturelle* des corps (§§ 20, 27-31, 153, 167, 377, sqq.).

43[41]. Il est vrai aussi qu'en Dieu est non seulement la source des existences, mais encore celle des essences, en tant que réelles, ou de ce qu'il y a de réel dans la possibilité. C'est parce que l'entendement de Dieu est la Région des vérités éternelles, ou des idées dont elles dépendent, et que sans lui il n'y aurait rien de réel dans les possibilités, et non seulement rien d'existant, mais encore rien de possible

(§§20, 30, 380).

44[42]. Car il faut bien que s'il y a une réalité dans les Essences ou possibilités, ou bien dans les vérités éternelles, cette réalité soit fondée en quelque chose d'existant ou d'Actuel ; et par conséquent dans l'existence de l'Être nécessaire, dans lequel l'Essence renferme l'Existence, ou dans lequel il suffit d'être possible pour être actuel (§§ 181, 189, 335).

45[43]. Ainsi Dieu seul (ou l'Être nécessaire) a ce privilège, qu'il faut qu'il existe s'il est possible. Et comme rien ne peut empêcher la possibilité de ce qui n'enferme aucunes bornes, aucune négation, et par conséquence aucune contradiction, cela seul suffit pour connaître l'existence de Dieu *a priori*. Nous l'avons prouvée aussi par la réalité des vérités éternelles. Mais nous venons aussi de la prouver *a posteriori* puisque des êtres contingents existent, lesquels ne sauraient avoir leur raison dernière ou suffisante que dans l'être nécessaire, qui a la raison de son existence en lui-même.

46[44]. Cependant il ne faut point s'imaginer avec quelques-uns, que les Vérités éternelles étant dépendantes de Dieu, sont arbitraires et dépendent de sa volonté, comme Descartes paraît l'avoir pris et puis Monsieur Poiret. Cela n'est véritable que des vérités contingentes, dont le principe est la *convenance* ou le choix du *meilleur* ; au lieu que les vérités nécessaires dépendent uniquement de son entendement, et en sont l'objet interne (§§180, 184, 185, 335, 351, 380).

47[45]. Ainsi Dieu seul est l'unité primitive, ou la substance simple originaire dont toutes les Monades créées ou dérivatives sont des productions, et naissent, pour ainsi dire, par des Fulgurations continuelles de la Divinité de moment en moment, bornées par la réceptivité de la créature, à laquelle il est essentiel d'être limitée (§§382-391, 398, 395).

48[46]. Il y a en Dieu la *Puissance*, qui est la source de tout, puis la *Connaissance*, qui contient le détail des idées,

et enfin la *Volonté*, qui fait les changements ou productions selon le principe du meilleur. Et c'est ce qui répond à ce qui dans les Monades créées fait le sujet ou la base, la Faculté Perceptive et la Faculté Appétitive. Mais en Dieu ces attributs sont absolument infinis ou parfaits ; et dans les Monades créées ou dans les Entéléchies (ou *perfectihabies*, comme Hermolaüs Barbarus traduisait ce mot) ce n'en sont que des imitations, à mesure qu'il y a de la perfection (§§7, 149, 150, 87).

49[47]. La créature est dite *agir* au dehors en tant qu'elle a de la perfection ; et *pâtir* d'un autre, en tant qu'elle est imparfaite. Ainsi l'on attribue l'*Action* à la Monade en tant qu'elle a des perceptions distinctes et la passion en tant qu'elle en à de confuses (§§22, 66, 386).

50[47]. Et une créature est plus parfaite qu'une autre, en ce qu'on trouve en elle ce qui sert à rendre raison *a priori* de ce qui se passe dans l'autre, et c'est par là qu'on dit qu'elle agit sur l'autre.

51[48]. Mais dans les substances simples ce n'est qu'une influence idéale d'une Monade sur l'autre, qui ne peut avoir son effet que par l'intervention de Dieu, en tant que dans

les idées de Dieu une Monade demande avec raison, que Dieu en réglant les autres dès le commencement des choses, ait égard à elle. Car puisqu'une Monade créée ne saurait avoir une influence physique sur l'intérieur de l'autre, ce n'est que par ce moyen que l'une peut avoir de la dépendance de l'autre (§§ 9, 54, 65, 66, 201 ; *Abr.*, obj. 3).

52[49]. Et c'est par là, qu'entre les Créatures les Actions et Passions sont mutuelles. Car Dieu, comparant deux substances simples, trouve en chacune des raisons, qui l'obligent à y accommoder l'autre ; et par conséquent ce qui est actif à certains égards est passif suivant un autre point de considération : *actif* en tant que ce qu'on connaît distinctement en lui, sert à rendre raison de ce qui se passe dans un autre ; et *passif* en tant que la raison de ce qui se passe en lui, se trouve dans ce qui se connaît distinctement dans un autre (§ 66).

53[50]. Or, comme il y a une infinité d'Univers possibles dans les idées de Dieu, et qu'il n'en peut exister qu'un seul ; il faut qu'il y ait une raison suffisante du choix de Dieu, qui le détermine à l'un plutôt qu'à l'autre (§§ 8, 10, 44, 173, 196, sqq. ; 225, 414-415).

54[51]. Et cette raison ne peut se trouver que dans la *convenance*, ou dans les degrés de perfection que ces Mondes contiennent ; chaque possible ayant droit de prétendre à l'Existence à mesure de la perfection qu'il enveloppe (§§ 74, 167, 350, 201, 130, 352, 345, sqq., 354).

55[52]. Et c'est ce qui est la cause de l'Existence du meilleur, que la sagesse fait connaître à Dieu, que sa bonté le fait choisir, et que sa puissance le fait produire (§§8, 78, 80, 84, 119, 204, 206, 208 ; *Abr.*, obj. 1 et 8).

56[53]. Or cette *liaison* ou cette accommodement de toutes les choses créées à chacune et de chacune à toutes les autres, fait que chaque substance simple a des rapports qui expriment toutes les autres, et qu'elle est par conséquent un miroir vivant perpétuel de l'univers (§§130, 360).

57. Et comme une même ville regardée de différents côtés paraît tout autre et est comme multipliée perspectivement ; il arrive de même, que par la multitude infinie des substances simples, il y a comme autant de différents univers, qui ne sont pourtant que les perspectives d'un seul selon les différents points de vue de chaque Monade (§147).

58[54]. Et c'est le moyen d'obtenir autant de variété qu'il est possible, mais avec le plus grand ordre, qui se puisse, c'est-à-dire, c'est le moyen d'obtenir autant de perfection qu'il se peut (§§ 120, 124, 241, sqq. ; 214, 243, 275).

59[55]. Aussi n'est-ce que cette hypothèse (que j'ose dire démontrée) qui relève comme il faut la grandeur de Dieu ; c'est ce que Monsieur Bayle reconnut, lorsque, dans son Dictionnaire (article *Rorarius*) il y fit des objections, où même il fut tenté de croire, que je donnais trop à Dieu, et plus qu'il n'est possible. Mais il ne put alléguer aucune raison, pourquoi cette harmonie universelle, qui fait que toute substance exprime exactement toutes les autres par les rapports qu'elle y a, fût impossible.

60[56]. On voit d'ailleurs, dans ce que je viens de rapporter, les raisons *a priori* pourquoi les choses ne sauraient aller autrement. Parce que Dieu en réglant le tout a eu égard à chaque partie et particulièrement à chaque Monade ; dont la nature étant représentative, rien ne la saurait borner à ne représenter qu'une partie des choses ; quoiqu'il soit vrai que cette représentation n'est que confuse dans le détail de tout l'Univers, et ne peut être distincte que dans une petite partie des choses, c'est-à-dire, dans celles qui sont ou les plus prochaines, ou les plus grandes par rapport à chacune des Monades ; autrement chaque Monade serait une divinité. Ce n'est pas dans l'objet, mais dans la modification de la connaissance de l'objet, que les Monades sont bornées. Elles vont toutes confusément à l'infini, au tout, mais elles sont limitées et distinguées par les degrés des perceptions distinctes.

61[57]. Et les composés symbolisent en cela avec les simples.

Car comme tout est plein, ce qui rend toute la matière liée, et comme dans ce plein tout mouvement fait quelque effet sur les corps distants, à mesure de la distance de sorte que chaque corps est affecté non seulement par ceux qui le touchent, et se ressent en quelque façon de tout ce qui leur arrive, mais aussi par leur moyen se ressent de ceux qui touchent les premiers, dont il est touché immédiatement ; il s'en suit que cette communication va à quelque distance que ce soit. Et par conséquent tout corps se ressent de tout ce qui se fait dans l'Univers ; tellement que celui qui voit tout pourrait lire dans chacun ce qui se fait partout et même ce qui s'est fait ou se fera ; en remarquant dans le présent ce qui est éloigné, tant selon les temps, que selon les lieux : Σύμπνοια πάντα, disait Hippocrate. Mais une âme ne peut lire en elle-même que ce qui y est représenté distinctement, elle ne saurait développer tout d'un coup ses replis, car ils vont à l'infini.

62[58]. Ainsi quoique chaque Monade créée représente tout l'Univers, elle représente plus distinctement le corps qui lui est affecté particulièrement et dont elle fait l'Entéléchie : et comme ce corps exprime tout l'univers par la connexion de toute la matière dans le plein, l'âme représente aussi tout l'univers en représentant ce corps, qui lui appartient d'une manière particulière (§400).

63[59]. Le corps appartenant à une Monade, qui en est l'Entéléchie ou l'Âme, constitue avec l'Entéléchie ce qu'on peut appeler un *vivant*, et avec l'Âme ce qu'on appelle un *Animal*. Or ce corps d'un vivant ou d'un animal est toujours organique ; car toute Monade étant un miroir de l'univers à sa mode, et l'univers étant réglé dans un ordre parfait, il faut qu'il y ait aussi un ordre dans le représentant, c'est-à-dire dans les perceptions de l'âme, et par conséquent dans le corps, suivant lequel l'univers y est représenté (§403).

64[60]. Ainsi chaque corps organique d'un vivant est une espèce de Machine divine, ou d'un Automate naturel, qui surpasse infiniment tous les automates artificiels. Parce qu'une Machine, faite par l'art de l'homme, n'est pas Machine dans chacune de ses parties. Par exemple : la dent d'une roue de laiton a des parties ou fragments, qui ne nous sont plus rien qui marque de la machine par rapport à l'usage, où quelque chose d'artificiel et non plus la roue était destinée. Mais les machines de la nature, c'est-à-dire les corps vivants sont encore des machines dans leurs moindres parties, jusqu'à l'infini. C'est ce qui fait la différence entre la Nature et l'Art, c'est-à-dire entre l'art Divin et le nôtre (§§134, 146, 194, 403).

65[61]. Et l'Auteur de la nature a pu pratiquer cet artifice divin et infiniment merveilleux, parce que chaque portion de la matière n'est pas seulement divisible à l'infini comme les anciens ont reconnu, mais encore sous-divisée actuellement sans fin, chaque partie en parties, dont chacune a quelque mouvement propre : autrement il serait impossible que chaque portion de la matière pût exprimer l'univers (*Prélim.*, §70 ; *Théod.*, §195).

66[61]. Par où l'on voit qu'il y a un Monde de Créatures, de Vivants, d'Animaux, d'Entéléchies, d'Ames dans la moindre partie de la matière.

67[62]. Chaque portion de la matière peut être conçue comme un jardin plein de plantes, et comme un étang plein de poissons. Mais chaque rameau de la plante, chaque membre de l'animal, chaque goutte de ses humeurs est encore un tel jardin, ou un tel étang.

68[62]. Et quoique la terre et l'air interceptés entre les plantes du jardin, ou l'eau interceptée entre les poissons de l'étang, ne soient point plante ni poisson ; ils en contiennent pourtant encore, mais le plus souvent d'une subtilité à nous imperceptible.

69[63]. Ainsi il n'y a rien d'inculte, de stérile, de mort dans l'univers, point de Chaos, point de confusion qu'en apparence ; à peu près comme il en paraîtrait dans un étang à une distance, dans laquelle on verrait un mouvement confus et grouillement, pour ainsi dire, de poissons de l'étang, sans discerner les poissons mêmes (*Préf.**** 5*b*, ***6).

70[64]. On voit par là que chaque corps vivant a une Entéléchie dominante qui est l'Âme dans l'animal ; mais les membres de ce corps vivant sont pleins d'autres vivants, plantes, animaux, dont chacun a encore son Entéléchie ou son âme dominante.

71. [65] Mais il ne faut point s'imaginer avec quelques-uns, qui avaient mal pris ma pensée, que chaque âme a une masse, ou portion de la matière propre ou affectée à Elle pour toujours, et qu'elle possède par conséquent d'autres vivants inférieurs destinés tou-

jours à son service. Car tous les corps sont dans un flux perpétuel comme des rivières ; et des parties y entrent et en sortent continuellement.

72. [66] Ainsi l'âme ne change de corps que peu à peu et par degrés, de sorte qu'elle n'est jamais dépouillée tout d'un coup de tous ses organes ; et il y a souvent métamorphose dans les animaux, mais jamais Métempsychose, ni transmigration des Âmes : il n'y a pas non plus des Âmes tout à fait séparées, ni de Génies sans corps. Dieu seul en est détaché entièrement (§§ 90, 124).

73. [67] C'est ce qui fait aussi qu'il n'y a jamais ni génération entière, ni mort parfaite, prise à la rigueur, consistant dans la séparation de l'âme. Et ce que nous appelons *Générations* sont des développements et des accroissements ; comme ce que nous appelons *Morts* sont des Enveloppements et Diminutions.

74. [68] Les Philosophes ont été fort embarrassés sur l'origine des Formes, Entéléchies ou Âmes : mais aujourd'hui lorsqu'on s'est aperçu par des recherches exactes faites sur les plantes, les insectes et les animaux, que les corps organiques ne sont jamais produits d'un Chaos ou d'une putréfaction ; mais toujours par des semences, dans lesquelles il y avait sans doute quelque préformation ; on a jugé, que non seulement le corps organique y était déjà avant la conception, mais encore une Âme dans ce corps et en un mot l'animal même ; et que par le moyen de la conception cet animal a été seulement disposé à une grande transformation pour devenir un animal d'une autre espèce. On voit même quelque chose d'approchant hors de la génération, comme lorsque les vers deviennent mouches, et que les chenilles deviennent papillons (§§86, 89 ; *Préf.* *** 5 *b*, sqq ; §§90, 187, 188, 403 ; 86, 397).

75[69]. Les animaux, dont quelques-uns sont élevés au degré de plus grands animaux, par le moyen de la conception, peuvent être appelés *spermatiques ;* mais ceux d'entre eux, qui demeurent dans leur Espèce, c'est-à-dire, la plupart, naissent, se multiplient, et sont détruits comme les grands animaux, et il n'y a qu'un petit nombre d'Élus, qui passe à un plus grand théâtre.

76. [70] Mais ce n'était que la moitié de là vérité : j'ai donc jugé, que si l'animal ne commence jamais naturellement, il ne finit pas naturellement non plus ; et que non seulement il n'y aura point de génération, mais encore point de destruction entière, ni mort prise

à la rigueur. El ces raisonnements faits *a posteriori* et tirés des expériences, s'accordent parfaitement avec mes principes déduits *a priori* comme ci-dessus (§ 90).

77. Ainsi on peut dire que non seulement l'Âme (miroir d'un univers indestructible) est indestructible, mais encore l'animal même, quoique sa machine périsse souvent en partie, et quitte ou prenne des dépouilles organiques.

78. [71] Ces principes m'ont donné moyen d'expliquer naturellement l'union ou bien la conformité de l'Âme et du corps organique. L'âme suit ses propres lois, et le corps aussi les siennes ; et ils se rencontrent en vertu de l'harmonie préétablie entre toutes les substances, puisqu'elles sont toutes des représentations d'un même univers (*Préf.**** 6 ; §§340, 352, 353, 358).

79[72]. Les âmes agissent selon les lois des causes finales par appétitions, fins et moyens. Les corps agissent selon les lois des causes efficientes ou des mouvements. Et les deux règnes, celui des causes efficientes et celui des causes finales, sont harmoniques entre eux.

80[73]. Descartes a reconnu, que les Âmes ne peuvent point donner de la force aux corps, parce qu'il y a toujours la même quantité de force dans la matière. Cependant il

à cru que l'âme pouvait changer la direction des corps. Mais c'est parce qu'on n'a point su de son temps la loi de la nature, qui porte encore la conservation de la même direction totale dans la matière. S'il l'avait remarquée, il serait tombé dans mon système de l'Harmonie préétablie (*Préf.**** 1 ; §§22, 59, 60, 61, 62, 66, 345, 346, sqq. ; 354, 355).

81[74]. Ce système fait que les corps agissent, comme si (par impossible) il n'y avait point d'Âmes et que les Âmes agissent comme s'il n'y avait point de corps ; et que tous deux agissent comme si l'un influait sur l'autre.

82[75]. Quant aux *Esprits* ou Âmes raisonnables, quoique je trouve qu'il y a dans le fond la même chose dans tous les vivants et animaux, comme nous venons de dire (savoir que l'Animal et l'Âme ne commencent qu'avec le monde, et ne finissent pas non plus que le monde), il y a pourtant cela de particulier dans les Animaux raisonnables, que leurs petits Animaux spermatiques, tant qu'ils ne sont que cela, ont seulement des Âmes ordinaires ou sensitives, mais dès que ceux qui sont élus, pour ainsi, dire, parviennent par une actuelle conception à la nature humaine, leurs âmes sensitives sont élevées au degré de la raison et à la prérogative des Esprits (§§ 91, 397).

83[76]. Entre autres différences qu'il y a entre les âmes ordinaires et les esprits, dont j'en ai déjà marqué une partie, il y a encore celle-ci : que les Âmes en général sont des miroirs vivants ou images de l'univers des créatures ; mais que les Esprits sont encore des images de la Divinité même, ou de l'Auteur même de la nature ; capables de connaître le système de l'univers et d'en imiter quelque chose par des échantillons architectoniques ; chaque esprit étant comme une petite divinité dans son département (§ 147).

84. C'est ce qui fait que les esprits sont capables d'entrer dans une manière de société avec Dieu, et qu'il est à leur égard, non seulement ce qu'un inventeur est à sa Machine (comme Dieu l'est par rapport aux autres créatures) mais encore ce qu'un Prince est à ses sujets, et même un père à ses enfants.

85[77]. D'où il est aisé de conclure que l'assemblage de tous les esprits doit composer la Cité de Dieu, c'est-à-dire le plus parfait État, qui soit possible sous le plus parfait des Monarques (§147. *Abr.*, obj. 1).

86[78]. Cette Cité de Dieu, cette monarchie véritablement universelle est un monde moral dans le monde naturel, et ce qu'il y a de plus élevé et de plus divin dans les ouvrages de Dieu : et c'est en lui que consiste véritablement la gloire de Dieu, puisqu'il n'y en aurait point, si sa grandeur et sa bonté n'étaient pas connues et admirées par les esprits, c'est aussi par rapport à cette cité divine, qu'il a proprement de la bonté, au lieu que sa sagesse et sa puissance se montrent partout (§146 ; *Abr.*, obj. 2).

87[79]. Comme nous avons établi ci-dessus une harmonie parfaite entre deux règnes naturels, l'une des causes Efficientes, l'autre des Finales ; nous devons remarquer ici encore une autre harmonie entre le règne physique de la nature et le règne moral de la grâce, c'est-à-dire, entre Dieu considéré comme architecte de la machine de l'univers, et considéré comme monarque de la Cité divine des esprits (§§62, 74, 118, 248, 112, 130, 247).

88[80]. Cette harmonie fait que les choses conduisent à la grâce par les voies même de la nature, et que ce globe par exemple doit être détruit et réparé par les voies naturelles dans les moments, que le demande le gouvernement des Esprits ; pour le châtiment des uns et la récompense des autres (§§18, sqq. ; 110, 244, 245, 340).

89[81]. On peut dire encore que Dieu comme architecte contente en tout Dieu comme Législateur ; et qu'ainsi les péchés doivent porter leur peine avec eux par l'ordre de la nature ; et en vertu même de la structure mécanique des choses ; et que de même les belles actions s'attireront leurs récompenses par des voies machinales par rapport aux corps, quoique cela ne puisse et ne doive pas arriver toujours sur le champ.

90[81]. Enfin sous ce gouvernement parfait il n'y aurait point de bonne action sans récompense, point de mauvaise sans châtiment : et tout doit réussir au bien des bons ; c'est-à-dire de ceux qui ne sont point mécontents dans ce grand État, qui se fient à la Providence, après avoir fait leur devoir, et qui aiment et imitent, comme il faut, l'auteur de tout bien, se plaisant dans la considération de ses perfections, suivant la nature du *pur amour* véritable, qui fait prendre plaisir à la félicité de ce qu'on aime. C'est ce qui fait travailler les personnes sages et vertueuses à tout ce qui paraît conforme à la volonté divine présomptive, ou antécédente ; et se contenter cependant de ce que Dieu fait arriver effectivement par sa volonté secrète, conséquente et décisive ; en reconnaissant, que si nous pouvions entendre assez d'ordre de l'univers, nous trouverions qu'il surpasse tous les souhaits des plus sages, et qu'il est impossible de le rendre meilleur qu'il est ; non seulement pour le tout en général, mais encore pour nous-mêmes en particulier, si nous sommes attachés comme il faut à l'auteur de tout, non seulement comme à l'architecte et à la cause efficiente de notre être, mais comme à notre maître et à la cause finale, qui doit faire tout le but de notre volonté, et peut seule faire notre bonheur (§134 ; *Préf.****4, *a*, *b* ; §278).

EXERCICES

1. — L'Atome de Démocrite et la Monade de Leibniz : en quoi diffèrent-ils ?

2. — Quel rôle l'idée de Force joue-t-elle dans le leibnizianisme ?

Montrer que l'origine de cette idée est toute psychologique.

3. — Comparer la théorie leibnizienne des *petites perceptions* avec la théorie récente de l'*Inconscient*.

4. — Chercher le sens exact du mot *Entéléchie* chez Aristote et chez Leibniz.

5. — Expliquer l'origine et la portée du *principe des Indiscernables*.

6. — L'*Appétition* est-elle la même chose que la *Volition* ?

7. — Quelle est l'opinion de Leibniz sur la *connaissance* et le *raisonnement* chez les animaux.

8. — Comparer le principe de *Raison suffisante* et le principe de *Causalité*.

9. — En quoi consiste la subordination des Monades qui constituent le Corps humain à l'âme ou Monade dominante ?

10. — Que deviennent le *Temps* et l'*Espace* dans la doctrine des Monades ?

11. — Peut-on ramener à une seule les preuves leibniziennes de l'existence de Dieu ?

12. — Parallèle des attributs psychologiques de la Monade et des attributs métaphysiques de Dieu.

13. — De la possibilité logique et de la possibilité métaphysique. Quelle distinction Leibniz établit-il entre les *possibles* et les *compossibles*.

14. — Quel est le but et la raison d'être de la distinction établie par Leibniz entre la volonté *antécédente* et la volonté *conséquente* de Dieu ?

15. — Quelle est l'origine du *Mal* physique, métaphysique et moral ? Pourquoi Leibniz dit-il qu'il a une cause *déficiente* et qu'il n'est qu'un *moindre bien* ?

16. — On a parlé de l'optimisme *béat* de la philosophie du dix-septième siècle : celui de Leibniz mérite-t-il cette épithète dédaigneuse et le reproche de n'être qu'un défi porté à l'expérience de tous les hommes.

17. — Montrer que l'*optimisme* et le *pessimisme* ne peuvent s'établir que par des raisons *a priori* et métaphysiques. Le *bilan* de l'expérience humaine peut-il être tenté sans tenir compte de nos idées métaphysiques ?

18. — Expliquer le différend de Descartes et de Leibniz sur la question des rapports des vérités nécessaires avec la volonté libre de Dieu. À quelle théorie donnez-vous la préférence ?

19. — Comparer la théorie de l'*harmonie préétablie* de Leibniz avec la théorie des *causes occasionnelles* de Malebranche. Pourriez-vous prouver que sur la question de l'optimisme, comme sur celle des rapports de l'âme et du corps, Leibniz s'est largement inspiré du métaphysicien français ?

20. — Comparer le *mécanisme* et le *dynamisme* et chercher les antécédents de ces deux doctrines dans l'histoire de la philosophie grecque.

21. — Dans quel sens Leibniz dit-il que notre âme est un *automate incorporel* ? Admettez-vous les idées de Leibniz sur la liberté humaine ?

22. — En quoi consiste le rôle de la Providence dans le système de Leibniz ? Montrer que les peines et les récompenses dérivent des lois mêmes de la nature sans qu'il soit besoin de faire intervenir à un moment donné un dieu « rémunérateur et vengeur ».

23. — En quoi consiste l'accord du *Règne de la Nature* et du *Règne de la Grâce* ?

24. — « Il y a toujours la même quantité de force dans la matière, » dit Leibniz. Expliquez ce principe et comparez-le au principe de la *permanence de la force* ou de la *conservation de l'énergie* reconnu généralement par les physiciens modernes.

26. — Parallèle du Dieu de Leibniz et du Dieu de Spinoza.

27. — La théorie de l'immortalité chez Leibniz. Comment et pourquoi Leibniz affirme-t-il que l'âme n'existera jamais sans quelque organisme, et que l'immortalité ne peut se comprendre sans quelque mémoire et quelque imagination ?

28. — Pouvez-vous montrer que le leibnizianisme est encore régnant dans la science et dans la philosophie contemporaines et indiquer rapidement quelles sont les parties du système de Leibniz qu'il est nécessaire d'abandonner ?

29. — Optimisme, pessimisme, méliorisme : caractérisez ces trois doctrines et donnez les raisons de vos préférences.

LEXIQUE
DE LA TERMINOLOGIE LEIBNIZIENNE ET DES NOMS PROPRES

ACCIDENTS. — S'oppose à la *substance* ou à l'essence qui ont pour qualité fondamentale d'être *permanentes*. Les accidents (*quod accidit*) sont les modifications adventices (συμδεδηκότα, dans la langue d'Aristote) des choses et ne résultent pas immédiatement de leur nature propre. Les scolastiques définissent l'accident de cette manière : *Accidens est ens alteri inhærens. — Illud inhæret quod est in alio, et non est pars alicujus naturæ, et non potest esse sine co qui inhæret, ut magnitudo, albedo, philosophia. — Inhæsio est unio accidentis cum suo subjecto, v. g. philosophiæ cum intellectu.*

ANTÉCÉDENT. — Leibniz distingue la volonté *présomptive ou antécédente* de Dieu de sa volonté *conséquente et décisive*. La première, c'est celle que nous devons présumer *a priori* ; la seconde, c'est celle que nous constatons *a posteriori*. Ainsi Dieu veut *antécédemment* le bien et *conséquemment* le mal parce que le mal, en vertu de la distinction des possibles et des compossibles, est souvent la condition du *plus grand bien* auquel il serait absurde que Dieu préférât un *moindre bien*. Cette volonté conséquente et décisive de Dieu, nous n'en sommes instruits que par l'expérience au fur et à mesure qu'elle se déroule sous nos yeux, tandis que nous connaissons par la raison la volonté antécédente qui n'est pas dans les *secrets* de Dieu. Voilà pourquoi nous devons attendre les événements avec confiance : fais ce que doit advienne que pourra. Leibniz exprime la même idée dans cette phrase « se fier à la Providence après avoir fait son devoir » qui est peut-être une réminiscence de Corneille. « Faites votre devoir et laissez faire aux dieux. »

APPÉTITION. — Tendance à passer d'une perception à une autre, d'un état à un autre état ; le désir dans le sens spinoziste « tendance à persévérer dans l'être et à accroître son être. » L'appétition est prise généralement par Leibniz comme « l'effet qui résulte des perceptions insensibles, dont on ne s'aperçoit pas. » Cependant il déclare qu'il y a aussi des *appétitions aperceptibles*. C'est alors une sorte de volition. Mais, ajoute-t-il, « on n'appelle actions volontaires que celles dont on peut s'apercevoir et sur lesquelles notre réflexion peut tomber lorsqu'elles suivent la considération du bien et du mal. » Dans l'appétition aperceptible il n'y a donc toujours que la tendance ou l'effort qui tombe sous la conscience : le but nous échappe et n'est pas posé par l'intelligence ou la réflexion.

ARCHITECTONIQUE. — Littéralement, premier ouvrier, artisan dirigeant en chef et qui trace la besogne aux autres ouvriers. « Notre âme, dit Leibniz, est *architectonique* dans les mouvements volontaires. » Cela veut dire qu'elle les dirige et qu'elle en règle l'exécution. Science architectonique signifie science maîtresse et dont les autres ou quelques autres dépendent. Il y a encore une autre nuance du mot quand Leibniz déclare que Dieu comme *architecte* contente en tout Dieu comme législateur. Cela veut dire que la structure mécanique de l'univers est disposée pour que les esprits puissent atteindre leurs fins morales. Le règne de la nature prépare le règne de la grâce et les causes efficientes se subordonnent aux causes finales. Le dynamisme ou la finalité est *surajoutée* au mécanisme, qui trouve en lui sa raison d'être et sa dernière explication.

ATOMES DE LA NATURE, DE LA MATIÈRE, DE LA SUBSTANCE. — Leibniz oppose les *atomes de la nature* (c'est-à-dire de la réalité) aux *atomes de la matière* (c'est-à-dire de l'apparence, du phénomène). *Atome* signifie *insécable, indivisible* ; or, les dernières parties de l'étendue ou de la matière sont encore divisibles, puisqu'ils ont eux-mêmes étendue et figure. Les atomes de la nature sont au contraire des *points métaphysiques* absolument inétendus et sans figure ; « les *points physiques* ne sont indivisibles qu'en apparence ; les points mathématiques sont exacts, mais ce ne sont que des modalités ; il n'y a que les points métaphysiques ou de substance (constitués par les formes ou âmes) qui soient exacts et réels ; et sans eux il n'y aurait rien de réel, puisque sans les véritables unités, il n'y aurait point de multitude. » (*Syst. nouv.*, etc., 11.)

AXIOMES (de ἀξίωμα, dignitas, suprématie). — Les axiomes sont donc les vérités essentielles et suprêmes qui rendent la science possible. « Il y a une espèce de propositions qui sous le nom de *Maximes* ou d'*Axiomes* passent pour les principes des sciences, et, parce qu'elles sont *évidentes par elles-mêmes*, on s'est contenté de les appeler *innées*, sans que personne ait tenté, que je sache, de faire voir la raison et le fondement de leur extrême clarté, » dit Philalèthe dans les *Nouv. Ess.* Théophile ajoute : « Il y a longtemps que j'ai dit publiquement et en particulier qu'il serait important

de démontrer nos axiomes secondaires, dont on se sert ordinairement, en les réduisant aux *axiomes primitifs* ou immédiats et in-
démontrables, qui sont ce que j'appelais dernièrement et ailleurs
les *identiques*. » (*Nouv. Ess.*, IV, 7.)

BARBARUS HERMOLAÜS est un philosophe et un érudit vénitien
du quinzième siècle (1464-93), fanatique d'Aristote qu'il oppose à
la scolastique et qui, dit-on, s'adressa au diable pour apprendre le
vrai sens du mot *entéléchie*. Il le traduisit parle mot barbare *perfectihabia*, et Leibniz dit avec raison qu'il n'y avait pas besoin d'évo-
quer le diable pour cela, puisque cette traduction littérale ne nous
apprend absolument rien. Barbarus se contente de *décalquer* fidè-
lement le mot grec.

BAYLE, né à Carlat dans le comté de Foix en 1647, mort à Rot-
terdam, en 1706. — *Ubi bene nemo melius*, dit Leibniz, qui vante
en maint endroit sa pénétration philosophique et fait le plus grand
cas de son *Dictionnaire historique et critique*. Cependant Bayle ne
lui ménage pas les objections, mais il les assaisonne toujours de
compliments qui paraissent sincères, et parfois d'une fine ironie
sous forme d'éloges que Leibniz ne discerne pas ou ne veut pas
voir. Bayle, dans le célèbre article Rorarius mérite plus que partout
ailleurs le nom qu'il se donne de Jupiter *assemble-nuages*. Il s'agit
de la question tant controversée de l'âme des bêtes. Rorarius est
un prélat italien du seizième siècle qui avait écrit sur l'intelligence
des animaux, *quod animalia bruta ratione utantur melius homine*,
et dont le livre serait profondément oublié dans l'article de Bayle.
Leibniz rend à Bayle un touchant hommage à la fin du Discours
sur la Conformité de la foi avec la raison. « Il est à espérer que M.
Bayle se trouve maintenant environné de ces lumières qui nous
manquent ici-bas, puisqu'il y a lieu de supposer qu'il n'a point
manqué de bonne volonté.

Candidus insueti miratur limen Olympi
Sub pedibusque videt nubes et sidera Daphnis.

CANONS. — Règles des opérations à effectuer en arithmétique ou
des constructions à faire en géométrie (du grec κανών qui signifie règle). On appelait canon, dans les beaux-arts, une figure aux
proportions supposées rigoureusement exactes. Dans les sciences
les canons s'opposaient aux théorèmes comme la pratique et la

règle expérimentale s'oppose à la théorie et à la démonstration rigoureuse. Stuart Mill a retenu le mot dans sa logique et reconnaît quatre *canons de l'Induction*.

CONTINGENT. — S'oppose à *nécessaire* et désigne ce qui peut ne pas être ou être autrement qu'il est. Les *futurs contingents* sont les faits et les événements dont l'existence supposée dans l'avenir n'implique pas contradiction, et qui par conséquent dépendent de la volonté de Dieu ou de la liberté de l'homme.

DEMANDES. — Leibniz appelle demandes ce que nous nommons *postulats*. Les postulats, dans la langue d'Euclide, sont des propositions que l'on pose en principes et que l'on demande d'accorder comme évidentes, bien que cette évidence soit d'un caractère moins immédiatement intuitif que celle des véritables axiomes. On connaît le *postulatum d'Euclide*. On sait aussi qu'en refusant d'accorder cette demande ou en supposant faux ce postulat, on a pu constituer une géométrie *non euclidienne*. C'est l'opinion, souvent répétée, de Leibniz qu'il faut démontrer les axiomes et les postulats en les ramenant par l'analyse aux vérités qui sont rigoureusement *premières*, le principe de contradiction et le principe de raison suffisante.

DESCARTES. — Il est impossible d'indiquer en quelques mots son influence sur la philosophie de Leibniz. Nous renvoyons le lecteur à une bonne histoire de la philosophie. Il pourra consulter l'*Histoire de la philosophie cartésienne*, de M. Fr. BOUILLIER.

ÉMINEMMENT. — S'oppose à *formellement* dans la langue cartésienne et scolastique. Exister éminemment, c'est exister sous une forme supérieure comme l'effet dans sa cause. Tout ce que nous possédons de perfection formelle ou réelle existe éminemment en Dieu qui, par exemple, possède comme nous l'intelligence et la liberté, mais sous une forme *éminente*, c'est-à-dire au fond, infinie. Il est, dit Leibniz, l'océan dont nous n'avons reçu que quelques gouttes. Descartes a pris soin de fixer lui-même le sens de ce mot. « Les choses sont dites être *formellement* dans les objets des idées, quand elles sont en eux telles que nous les concevons ; et elles sont dites y être éminemment, quand elles n'y sont pas à la vérité telles, mais qu'elles sont si grandes, qu'elles peuvent suppléer à ce défaut par leur excellence. » (*Rep. aux deuxièmes Object.*)

ÉNONCIATION. — Traduction littérale du mot grec ἀπόφασις qui, chez Aristote, désigne la proposition ou jugement exprimé.

ENTÉLÉCHIE. — Ce mot est emprunté à la langue d'Aristote. Son étymologie est ἐντελῶς ἔχειν, — être pleinement, être en acte et non pas seulement en puissance ; ou bien encore, comme le dit Leibniz lui-même, ἔχουσι τό εντελές, ce qui a en soi sa perfection et sa fin. C'est l'ἐνέργεια opposée à la δύναμις, l'entéléchle étant un état, une réalité, l'acte une action, une réalisation. On ne peut donc pas dire, en benne langue péripatéticienne, *une* entéléchie, des *entéléchies*, comme on dit en langage leibnizien *une* monade. C'est ainsi qu'Aristote définit l'âme, non pas *une* entéléchie mais « l'entéléchie d'un corps organique ayant la vie en puissance. » On voit que le sens du mot est assez profondément altéré par Leibniz, mais cette altération est consciente, puisqu'il dit : *On pourrait donner* le nom d'entéléchies à toutes les substances simples. Cf. Trendelenbourg, dans son commentaire sur le *Traité de l'âme* d'Aristore. *Leibnizius recte quidem Entelechiam et in agendo et in perficiendo ponit ; sed in sua ipsius philosophia entelechias ita ab Aristotelis mente defleclit ut tum* δύναυει *magis divellat usque, propriam quasi vita concedat, tum* τήν εντελεχείαν πρώτην *vim primitivam ponat, cujus vocis longe aliam esse rationem vidimus.* Ainsi pour Leibniz c'est la *tendance* qui caractérise l'entéléchie qui chez Aristote était le *terme* de l'action. Citons enfin un passage de la *Théodicée* : « Ce mot *Entéléchie* tire apparemment son origine du mot grec qui signifie parfait, et c'est pour cela que le célèbre Hermolaüs Barbarus l'exprima en latin mot à mot par *Perfectihabia*, car l'acte est un accomplissement de la puissance : et il n'avait pas besoin de consulter le Diable comme il l'a fait, à ce qu'on dit, pour n'apprendre que cela. » (*Théod.*, § 37.)

ESPÈCES SENSIBLES. — Dans la langue d'Aristote les εἴδη αἰσθητά ou espèces sensibles ne sont pas autre chose que les perceptions sensorielles, *actes communs du sentant et du senti*, et par conséquent ne sauraient *se promener*, comme dit Leibniz, ni hors de nous ni hors des objets. La scolastique les a quelquefois assimilées aux εἴδωλα} d'Épicure, images qui émanent des objets et sont de véritables intermédiaires entre eux et les organes des sens. Ce sont alors les *idées-images* devenues plus tard les *idées représentatives*, qui ont donné lieu à tant de discussions stériles et tant travaillé, comme dit Descartes, l'imagination des philosophes. Voici le détail de cette théorie emprunté à un manuel de philosophie péripatéticienne du temps de Leibniz : *Species intentionalis dicitur species ab antiquo verbo spicio, eo quod inserviat ad spiciendum seu aspiciendum. Dicitur intentionalis, quia ejus beneficio potentia cognoscitiva tendit in objectum... Species intentionalis duplex est, scilicet expressa et impressa. Species impressa est imago vicaria objecti quæ simul cum potentia cognoscitiva ad illius objecti cognitionem concurrit, quales sunt imagines quæ sunt in spcculo. Species expressa est terminus per cognitionem productus qui in intellectu vocatur Verbum mentis, in imagine Phantasma, in ceteris vero potentiis cognoscitivis retinet nomen Speciei expressæ. (In universam Aristotelis philosophiam introductio, autore magistro Petro Barbay, editio sexta MDCC, p. 215.)*

ESSENCE. — S'oppose souvent à *existence* et désigne dans ce cas l'objet même de l'intuition ou de la définition, l'*idée* que l'existence réalise et manifeste. L'essence n'enveloppe pas l'existence, puisqu'il y a des êtres de raison, des êtres simplement possibles, mais l'existence enveloppe l'essence puisque tout ce qui est réel est rationnel, intelligible, et peut tomber sous l'intuition ou être exprimé par la définition. *Essentia seu natura, est id per quod respondetur ad questionem factam per* quid *: unde eliam dicitur Quidditas, seu id quod est primum in re, et a quo fluunt cætera, unde dicitur Radix cæterorum... Existentia est id per quod respondetur ad questionem factam per* an, *seu est id a quo res habet ut sit ; sic, Petrus, v. g. habet ab existentia quod sit ; sicut habet ab essentia quod sit homo.*

FORME. — Ce mot signifie souvent chez Leibniz, comme chez les philosophes scolastiques, entéléchie, ou âme ou principe de vie. On dit encore dans le même sens *formes substantielles et causes formelles. Causa formalis est ea per quam res in suo esse constituitur ; qualis est anima respectu viventis physici.* Aristote (*Traité des Catégories*, chap. de la Quantité) traite de la forme (μορφή) et de la figure (σχῆμα), et c'est l'origine de l'amusante distinction, parodie des discussions scolastiques, à laquelle, dans Molière, le docteur Pancrace attache une importance si capitale. Le mot qui s'oppose à *forme* est *matière*. On voit que le plus souvent le mot *forme* est pris dans un sens actif : ce qui *informe* ou donne la forme. On dit en style leibnizien qu'un des plus difficiles problèmes de la métaphysique est celui de l'*origine des formes*, particulièrement de l'âme raisonnable. On dit encore que le *vide des formes* ne doit pas être admis en bonne métaphysique : *non datur in rerum natura vacuum formarum.*

HIPPOCRATE, surnommé le père de la médecine, de la race des Asclépiades, né dans l'île de Cos environ 460 ans avant Jésus-Christ. — Les cinquante-deux ouvrages qui portent son nom ne sont pas tous de lui. Voici les principaux traités de la *Collection hippocratique* : *de l'Ancienne médecine ; les Eaux, les Airs et les Lieux ; Aphorismes ; le Serment ; la Loi ; l'Art ; le Médecin ; les Prorrhétiques ; le Pronostic ; les Épidémies ; le Régime dans les maladies aiguës*, etc., etc. Littré a élevé un admirable monument à la gloire d'Hippocrate en publiant le meilleur texte grec et la meilleure traduction française qui ait jamais paru de ses ouvrages authentiques et apocryphes. C'est dans un de ces traités apocryphes que l'on trouve l'aphorisme célèbre « Le médecin-philosophe est l'égal des dieux. » Platon cite souvent Hippocrate et, selon Littré, s'en inspire plus souvent encore. Quant à Aristote, on lui a souvent reproché de n'avoir pas reconnu explicitement les nombreux emprunts qu'il lui a faits.

INDISCERNABLES. — Leibniz dit aussi *indistinguables*. Seraient indiscernables ou indistinguables deux êtres absolument identiques, mais ils n'existent pas et ne sauraient exister dans la nature. Chaque monade étant un point de vue sur l'univers et sur le monde métaphysique, ces points de vue diffèrent nécessairement comme les différentes vues d'une grande ville selon l'aspect sous lequel on les considère. Il parait que le *principe des indiscernables* a été formulé pour la première fois par Nicolas de Cusa. *Non possunt esse plura esse præcise æqualia, non enim tunc plura essent, sed ipsum æquale.* Mais Leibniz l'a fait sien non seulement par les applications nombreuses qu'il en déduit, mais surtout en le déduisant lui-même du principe de raison suffisante. S'il y avait deux êtres identiques, il n'y aurait aucune raison que l'un soit crée ici l'autre là, l'un dans un temps l'autre dans l'autre, en un mot pour qu'ils soient deux. Les êtres doivent donc toujours différer plus que *numero* et leurs différences résident dans leur nature intime, non dans leurs relations avec les autres êtres, relations qui d'ailleurs se traduisent dans leur nature même par des différences de perceptions et d'aperceptions.

INGRÉDIENTS, pour éléments constitutifs, ce qui entre dans la composition des choses, dans l'être par agrégation, *ens per aggregatum*, qui n'est un être qu'en apparence et d'une manière toute phénoménale, « comme un tas de pierres ou l'arc-en-ciel ».

MÉTEMPSYCHOSES. — Passage d'une âme dans un autre corps, impossible selon Leibniz, puisque l'âme ne saurait être un instant *séparée*. — *Métamorphose*, changement de forme, comme quand la chrysalide devient papillon. « Il n'y a point de métempsychose mais il y a métamorphose : les animaux changent, prennent et quittent seulement des parties. » (Erdm., 715, *a*.)

MONADE. « Substance simple qui entre dans les composés. » (*Monad.*, 1.) — « *Monas* est un mot grec qui signifie l'*unité* ou ce qui est *un*. » (*Princ. de la Nat. et de la Grâce*, 1.) — « Chaque *Monade* est un miroir vivant, ou doué d'action interne, représentatif de l'Univers suivant son point de vue, et aussi réglé que l'Univers même. » (*Ibid.*, 3.) Le mot se trouve pour la première fois chez Leibniz, dans une lettre à Fardella datée de 1697. *De natura Monadum et substantiarum quod porro quæris, puto facile satisfieri posse...* (Erdm., 145, *a*.) Il semble être d'origine pythagoricienne ; dans un système où tout était ramené aux nombres, l'unité (μονάς), principe du nombre, était nécessairement le principe des choses. La monade pythagoricienne semble n'être qu'une abstraction réalisée, un être purement mathématique, tandis que celle de Leibniz est substantielle, réelle, douée d'activité, une sorte d'atome de force. Giordano Bruno avait déjà donné à ce mot un sens analogue et peut-être identique : il appelait *minima* on *monades* les éléments des choses et *monas monadum* la divinité. L'idée maîtresse de la Monadologie, celle qui semble appartenir en propre à Leibniz (bien qu'il ait pu peut-être la découvrir dans le médecin anglais Glisson), est d'avoir doué les monades de perceptions représentatives de l'univers et de spontanéité ou d'appétitions. Avant de s'arrêter au mot qui nous occupe, il employait les équivalents et les périphrases qui suivent : *formes substantielles, unités véritables, unités réelles, forces primitives, atomes formels, atomes de substance, points métaphysiques*, etc.

NÉCESSAIRE. — Est nécessaire ce qui ne peut pas ne pas être ni être autrement qu'il n'est : en d'autres termes, ce dont le contraire ou la non-existence implique contradiction et qui contient en soi la raison de sa propre existence. Le contraire de *néces-*

saire est *contingent* : Dieu est appelé l'*être nécessaire* et il y a une preuve de son existence qui est dite *a contingentia mundi*.

PERCEPTIONS. — Modifications internes de la monade ; représentations du multiple dans l'un, de la variété dans l'unité. *Perceptio nihil aliud est quam multarum in uno expressio. (Epist. ad Des Bosses*, Erdm., 438, *b*.) Les plantes et les animaux sont, comme l'homme lui-même, doués de perceptions. Ce mot s'oppose à *aperceptions*, perceptions *aperçues* par la conscience, modifications que nous pouvons saisir en nous par un effort de réflexion. Dieu n'a que des *aperceptions*, les êtres inférieurs à l'homme n'ont que des *perceptions*. La distinction de ces deux états internes est l'origine des théories contemporaines de l'*inconscient*.

POIRET (Pierre). — Né à Metz en 1646, mort près de Leyde en 1719, ministre protestant, cartésien et mystique, soutient que Dieu a créé librement les idées ou vérités éternelles, doctrine empruntée à Descartes. Poiret a écrit un ouvrage intitulé l'*Économie divine*.

POSSIBLE. — Est possible logiquement ce qui n'implique pas contradiction. Ce mot s'oppose aux mots *réel* et *actuel*. Leibniz lui donne un sens métaphysique qui rend fort insuffisante la définition précédente. Il attribue aux possibles une forme d'existence qu'il appelle la *tendance* à l'existence, *exigentia existentiæ*. Les possibles possèdent cette tendance dans la mesure exacte de leur quantité d'essence, *quantitas essentiæ* ou perfection, *ad existentiam tendunt pro quantitate essentiæ vel pro gradu perfectionis quem involvunt*. Dieu ne crée pas les possibles, mais il est la raison suffisante de cette tendance à l'existence : s'ils n'en étaient doués, ils pourraient jusqu'à un certain point se concevoir indépendamment de Dieu, *quodammedo sine Deo concipi possunt — realitas essentiarum qua scilicet in existentias influunt a Deo est*. Les possibles diffèrent des *compossibles*, car ce dernier mot signifie choses *simultanément* possibles ; or deux choses peuvent s'exclure réciproquement alors que pourtant ni l'une ni l'autre n'implique en soi contradiction.

Notes

1.   Rappelons : 1° que nous n'expliquons pas dans ces notes la terminologie de Leibniz. On trouvera à la fin du volume un lexique

de tous les mots techniques de la Monadologie. Nous avons renoncé à les expliquer en notes pour ne pas distraire sans cesse l'attention du lecteur d'un texte dans lequel il est déjà fort difficile de suivre l'enchaînement des idées, et pour éviter de le renvoyer de notes en notes quand les mêmes expressions techniques, comme il arrive, se présentent un grand nombre de fois ; — 2° que nous entreprenons de commenter presque exclusivement Leibniz par Leibniz lui-même. Nous y étions invité par l'auteur même de la Monadologie, puisqu'il renvoie lui-même le lecteur aux développements de la Théodicée, le seul grand ouvrage de philosophie déjà publié par lui quand il écrivait la Monadologie. Il y a donc lieu de s'étonner qu'on n'ait pas suivi ces indications. Outre que c'est se conformer aux intentions bien évidentes de Leibniz, c'est aussi se mettre à l'abri de l'accusation presque inévitable d'accoucher Leibniz et d'altérer son système en le traduisant, pour ainsi dire, dans une autre langue philosophique.

2.   Substance simple, c'est-à-dire sans parties. — Théod., §10 : « Le système de l'harmonie préétablie est le plus capable de guérir ce mal. Car il fait voir qu'il y a nécessairement des substances simples et sans étendue, répandues par toute la nature ; que ces substances doivent toujours subsister indépendamment de tout autre que de Dieu et qu'elles ne sont jamais séparées de tout corps organisé. » Le mal que le système de l'harmonie préétablie est le plus capable de guérir, c'est le quiétisme exagéré et le panthéisme spinoziste : le quiétisme est « l'anéantissement de ce qui nous appartient en propre » et cet anéantissement n'est plus possible dans le système des monades puisque chaque monade est ingénérable, et, par sa simplicité même, incorruptible ; le panthéisme « ne reconnaît qu'une seule substance dans le monde, dont les âmes individuelles ne sont que des modifications passagères », tandis que la monadologie pose autant de substances qu'il y a de monades, c'est-à-dire un nombre indéfini et déclare même que ces substances, loin de se confondre en une seule, « n'ont pas de fenêtres sur le dehors. » — On trouvera dans les Principes de la Nature et de la Grâce l'équivalent de ce premier paragraphe avec quelques explications complémentaires : « La substance est un être capable d'action. Elle est simple ou composée. La substance simple est celle qui n'a point de parties. La composée est l'assemblage des substances simples ou

des monades. Monas est un mot grec qui signifie l'unité ou ce qui est un. » (Erdm., 714, a.)

3.   Il faut qu'il y ait des substances simples. — Cf. Lettre à Arnauld (1687) : Ce qui fait l'essence d'un être par aggrégation n'est qu'une manière d'être de ceux dont il est composé : par exemple, ce qui fait l'essence d'une armée n'est qu'une manière d'être des hommes qui la composent. Cette manière d'être supposé donc une substance, dont l'essence ne soit pas une manière d'être d'une substance. Toute machine aussi suppose quelque substance dans les pièces dont elle est faite, et il n'y a point de multitude sans de véritables unités. Pour trancher court, je tiens pour un axiome cette proposition identique qui n'est diversifiée que par l'accent, savoir que ce qui n'est pas véritablement un être, n'est pas non plus véritablement un être. On a toujours cru que l'un et l'être sont des choses réciproques. » (Ed. Janet, t. Ier, p. 655.) — Il faut remarquer que dans les substances simples il y a multiplicité non de parties, mais de qualités et de modifications, puisque chaque monade est un microcosme, exprime l'univers, en d'autres termes, enveloppe un monde de perceptions inconscientes et conscientes, réfléchissant ainsi tout ce qui l'entoure, et comme dit Leibniz lui-même : « Quæ sint, quæ fuerint, quæ mox futura trahantur. » Les atomes, au contraire (corpora individua propter soliditatem), n'enveloppent pas une multiplicité, car l'atome paraît être homogène dans sa masse prétendue indivisible : toutefois il n'est pas simple, puisqu'il a une forme et des limites, c'est-à-dire des rapports avec l'espace, une étendue figurée que l'entendement conçoit, bien que les sens ne la puissent pas discerner.

4.   Les Éléments des choses. — Il ne faudrait pas s'imaginer que Leibniz composât les corps de monades comme les atomistes d'atomes, par juxtaposition. Ce serait inintelligible, puisque les monades sont inétendues comme les idées simples qui entrent dans une idée complexe. À vrai dire, les corps ou aggrégats n'ont qu'une apparence d'existence, une apparence, il est vrai, fondée en raison, bene fundata ; mais la nature ou les choses existent réellement dans les monades et par leurs rapports. Leibniz, dans ses lettres à des Bosses, parle d'un vinculum substantiale qui serait la raison de l'aggrégation. Traduisons le passage essentiel : « Je ne retrouve pas ce que je vous écrivis jadis des liens substantiels.

Si nous admettons des substances corporelles, quelque chose de substantiel outre les monades, de telle sorte que les corps ne soient pas de purs phénomènes, il faut alors que les liens substantiels ne soient pas simplement les modes des monades... Je ne puis admettre aucune substance corporelle que là où existe un corps organique avec une monade dominante, c'est-à-dire un vivant, un animal, ou un analogue de l'animal. Tout le reste n'est qu'aggrégat, unum per acccidens, non unum per se. » (Erdm., 689, a.) Ainsi un corps inorganique ne fait que représenter à nos sens un assemblage de monades qui ne tombent pas sous les sens, mais ces monades sont réelles et la perception des corps n'est pas un vain rêve : ce serait plutôt une hallucination vraie. Quant aux corps organiques, il semble que le vinculum substantiale introduise en eux une sorte de réalité substantielle, puisqu'il leur donne une sorte d'unité sous une monade dominante, une sorte d'unité, c'est-à-dire une sorte d'être ; seulement ils ne sont encore des êtres que par accident, et il reste vrai que la monade seule est un être en soi.

5.   Point de dissolution à craindre. — Cela est vrai même dans le système des atomes, quoique les atomes n'aient pas la vraie simplicité. « Je ne vois point pourquoi il y aurait moins d'inconvénient à faire durer les atomes d'Épicure ou de Gassendi que de faire subsister toutes les substances véritablement simples et indivisibles qui sont les seuls et vrais atomes de la Nature. Et Pythagore avait raison de dire en général chez Ovide : « Morte carent animæ. » En d'autres termes, les atomistes et les matérialistes, en général, sont obligés d'admettre l'ingénérabilité et l'indestructibilité : c'est même un de leurs principes premiers. Pourquoi donc refuseraient-ils, soit à titre de principe, soit à titre de vérité démontrée, de reconnaître l'immortalité des monades ? (Théod., §89.)

6.   Une substance simple ne saurait être formée par composition. — La durée des monades se mesure exactement à la durée des choses, à la durée de la nature dont elles sont les véritables éléments. Elles ne sauraient venir d'éléments antérieurs puisqu'elles sont simples, mais elles viennent de Dieu qui les crée par fulgurations. Il faut d'ailleurs reconnaître que ce mot n'explique rien, non plus que ceux de création ou d'émanation que Leibniz semble avoir eu dessein d'éviter, afin de ne pas préjuger la question

du commencement ou de l'éternité du monde. — Leibniz, pour établir que les monades ne peuvent naître ni mourir naturellement, invoque la raison et le raisonnement. Spinoza, pour établir l'éternité des âmes, se contentait de faire appel à la conscience. « Nous sentons, nous éprouvons que nous sommes éternels. » (Eth., part. V.)

7.   Par partie. — L'animal lui-même est aussi, dans un sens, ingénérable et incorruptible : le vinculum substantiale ne saurait pas plus être rompu que la monade dominante ne saurait être détruite (Voy. Théod., §90) ; Leibniz, après avoir dit que les âmes ne peuvent commencer que par la création, ni finir que par l'annihilation, ajoute ces paroles : « Et comme la formation des corps organiques animés ne paraît explicable dans l'ordre de la nature, que lorsqu'on suppose une préformation déjà organique, j'en ai inféré que ce que nous appelons génération d'un animal n'est qu'une transformation et augmentation : ainsi, puisque le même corps était déjà animé et qu'il avait la même âme, de même le juge vice versa de la conservation de l'âme, lorsqu'elle est créée une fois, l'animal est conservé aussi, et que la mort apparente n'est qu'un enveloppement ; n'y ayant point d'apparence que dans l'ordre de la nature il y ait des âmes entièrement séparées de tout corps, ni que ce qui ne commence point naturellement puisse cesser par les forces de la nature. » Si le vinculum substantiale n'est un être que par accident, c'est donc, dans l'animal, un accident inséparable. Le corps participe par lui dans une certaine mesure à l'indestructibilité de l'âme, ou plutôt, il est indestructible comme elle est immortelle. En tant que composé, qu'aggrégat, il commence et finit par parties, mais en tant qu'organisme, il ne commence ni ne finit.

8.   Altérée ou changée. — L'altération, selon les péripatéticiens, est un changement qui porte exclusivement sur la qualité. « Alteralio est motus ad qualitatem ex se successive producibilem : qualis calefactio et frigefactio », dit un manuel de philosophie péripatéticienne. Remarquons bien la manière dont Leibniz prouve l'impossibilité de l'action transitive : il se fonde sur la simplicité de la monade, mais nous avons vu que cette simplicité substantielle n'exclut pas une multiplicité qualitative, savoir : la multiplicité des perceptions et aperceptions et le passage perpétuel d'un état qualificatif à un autre état qualificatif. C'est un point fondamental

de la doctrine de Leibniz, mais on peut se demander si Leibniz ne tranche pas la difficulté un peu légèrement. La vraie raison, il ne la donne pas ici : c'est, à ce qu'il semble, la loi du mouvement et de la communication du mouvement. Il serait contraire aussi bien à la physique qu'à la métaphysique d'admettre que la monade puisse changer quelque chose non seulement à la quantité de mouvement qui est dans le monde, mais encore à la direction de ce mouvement : or, c'est ce qui arriverait si elle pouvait altérer, c'est-à-dire changer, sous le rapport de la qualité, l'état d'une autre monade ; on connaît le mot : « Physique, méfie-toi de la métaphysique ! » On voit qu'il peut être retourné : la métaphysique de Leibniz se subordonne ici à sa mécanique et à sa physique. C'est la physique qui a fermé si hermétiquement les portes et fenêtres de la monade. Si mon âme pouvait remuer mon bras, au moyen d'un effort transitif, elle pourrait soulever mon corps, lui faire franchir d'un saut les plus hautes montagnes. Cela nous parait, non seulement paradoxal, mais absurde : c'est pourtant le fond de la pensée de Leibniz, comme le prouve ce fragment de sa polémique avec Stahl : « Que si l'âme avait le pouvoir d'ordonner à la machine d'exécuter un acte que celle-ci ne pourrait point faire spontanément, il n'y aurait dès lors plus de raison pour empêcher l'âme de commander quoi que ce soit à cette machine, attendu qu'aucune proportion entre l'âme et le corps et qu'aucune raison quelconque ne saurait démontrer quel serait le point où la puissance de l'âme serait limitée. Dans le saut, par exemple, si l'acte était plutôt accompli par l'énergie de l'âme que par la puissance d'un fluide élastique, il n'y aurait aucun motif pour qu'on ne pût sauter à quelque hauteur que ce fût. » Et Stahl répond ironiquement : « Ô âme, demeure chez toi, anima, mane domi ! » (Œuvres médico-philosophiques de G. E. STAHL, éd. Blondin, t. VI, p. 35.) — Les espèces sensibles des scolastiques sont les images par lesquelles nous connaissons les accidents des choses. Elles ne se promènent pas, à vrai dire, hors des substances : cette critique provient d'une confusion des espèces sensibles avec les εἴδωλα d'Épicure, mais quand une substance agit sur une autre, elle détermine dans cette autre substance, selon saint Thomas, la production de modes semblables aux siens. Descartes dit aussi dans le premier discours de sa Dioptrique « qu'il veut délivrer les esprits de toutes ces petites images voltigeantes par l'air, nommées des espèces intentionnelles, qui travaillent tant l'imagination des philosophes. »

9.   Ce ne seraient pas même des êtres. — L'être absolument indéterminé échapperait à toute définition et à toute intuition : il serait identique au néant. Il faut que l'être soit inné à lui-même, c'est-à-dire primitivement déterminé et poser, comme Hegel, un non-être identique à l'être, ou, comme certains évolutionnistes, un vivant sans instincts ou dispositions innées, c'est un pur non-sens. Cf. Principes de la Nat. et de la Gr., 2 : « Une monade, en elle-même et dans le moment, ne saurait être discernée d'une autre que par les qualités et actions internes, lesquelles ne peuvent être autre chose que ses perceptions (c'est-à-dire les représentations du composé ou de ce qui est dehors, dans le simple), et ses appétitions (c'est-à-dire ses tendances d'une perception à l'autre) qui sont le principe du changement, car la simplicité de la substance n'empêche point la multiplicité des modifications qui se doivent trouver ensemble dans cette même substance simple ; et elles doivent consister dans la variété des rapports aux choses qui sont au dehors. » (Erdm., 714, b.)

Les monades seraient indistinguables l'une de l'autre. — C'est le principe des indiscernables, en vertu duquel il ne saurait exister dans la nature deux êtres identiques. Pourquoi, en effet, l'un serait-il créé dans un temps, l'autre, dans un autre ; l'un dans un lieu, l'autre dans un autre lieu ? Pourquoi seraient-ils deux ? « Poser deux choses indiscernables est poser la même chose sous deux noms... Il n'y a point deux individus indiscernables. Un gentilhomme d'esprit de mes amis, en parlant avec moi en présence de Mme l'Électrice dans le jardin de Herrenhausen, crut qu'il trouverait bien deux feuilles entièrement semblables. Mme l'Électrice l'en défia, et il courut longtemps en vain pour en chercher. Deux gouttes d'eau, ou de lait, regardées par le microscope se trouveront discernables. C'est un argument contre les atomes, qui ne sont pas moins combattus que le vide par les principes de la véritable métaphysique. Ces grands principes de la Raison suffisante et de l'Identité des Indiscernables changent l'état de la métaphysique, qui devient réelle et démonstrative par leur moyen ; au lieu qu'autrefois elle ne consistait presque qu'en termes vides. » (Lettres entre Leibniz et Clarke, quatrième écrit de Leibniz, 4, 5 et 6.)

Le plein étant supposé. — On voit, dans la note précédente, que les principes de la véritable métaphysique s'opposent à ce que l'on admette le vide. Chez Descartes, la question se résout aisément, puisque l'essence des corps est l'étendue, puisque l'étendue est l'étoffe dont les choses sont faites et se confond absolument avec l'espace. Leibniz n'attribue point à ses monades, comme on pourrait le croire d'après ses expressions, une existence locale : le lieu n'est que le rapport des monades. « Il n'y a entre les monades aucune relation de proximité ou de distance dans l'espace, et dire qu'elles sont ramassées en un point ou dispersées dans l'espace, c'est vouloir imaginer ce qui ne peut être conçu que par l'entendement. » (Lettres à des Bosses, XX, Erdm., 682, b.) Dans la même lettre, on lit cette définition du temps et de l'espace : « Ainsi donc, il résulte de cette manière de voir, que l'espace est l'ordre des phénomènes coexistants, comme le temps est l'ordre des phénomènes successifs, *ordo coexistentium phænomenorum*. »

10.   Différence interne, dénomination intrinsèque. — Une différence interne est fondée sur les qualités que les êtres possèdent en eux-mêmes, une différence externe serait fondée sur les rapports particuliers que chaque être soutient avec les autres êtres. Sa dénomination intrinsèque est celle qui résulte des qualités internes. « On peut remarquer, dit Port-Royal, sur le sujet des modes, qu'il y en a qu'on peut appeler intérieurs, parce qu'on les conçoit dans la substance, comme rond, carré, et d'autres qu'on peut nommer extérieurs, parce qu'ils sont pris de quelque chose qui n'est pas dans la substance, comme aimé, vu, désiré, qui sont des noms pris des actions d'autrui ; et c'est ce qu'on appelle dans l'école dénomination externe. (Voy. part. Ire, chap. II.)

11.   Tout être créé est sujet au changement. — En vertu de son imperfection. La monade, selon Leibniz, en vertu de l'appétition qui est en elle, tend sans cesse à passer d'une perception à une autre. C'est cette tendance qui est la véritable cause du changement, et non les circonstances extérieures, et c'est pourquoi ce changement est continuel comme l'action d'un ressort. C'est aussi cette tendance qui constitue toute la réalité du mouvement, « car le corps n'est pas seulement au moment actuel de son mouvement dans le lieu qui lui est mesuré, mais il fait effort pour changer de lieu, de manière que l'état suivant soit par lui-même et par la force de la nature

la conséquence du précédent ; autrement, au moment actuel, et par conséquent, à un moment quelconque, le corps A, qui est mû par le corps B, ne différerait en rien d'un corps en repos… ; il en résulterait qu'il n'y aurait plus aucune différence dans les corps, puisque dans le plein d'une masse uniforme par elle-même il ne peut y avoir d'autre différence que celle qui regarde le mouvement. Enfin, il en résulterait encore qu'il n'y a absolument aucune variation dans les corps et qu'ils demeurent toujours dans le même état… Ce ne serait que par une dénomination extrinsèque qu'on distinguerait une partie de matière d'une autre. » (De ipsa natura, éd. Janet, t. II, p. 563.) Ainsi le mouvement prouve le changement : en d'autres termes, le corps en mouvement, outre le changement de rapports avec ce qui l'entoure, change véritablement en lui-même, et Leibniz critique avec raison la définition que Sturm donnait du mouvement : « Le mouvement n'est que l'existence successive de la chose en différents lieux. » C'est en partant de cette fausse idée du mouvement que Zénon put soutenir que la flèche qui vole n'est pas en mouvement. On voit donc que Leibniz est fondé à dire que le changement est continuel dans chaque monade : le mouvement, qui est pour l'imagination la réalité et pour l'intelligence le symbole de ce changement interne incessant, est le caractère le plus frappant du monde extérieur où, comme disait Héraclite, « tout est dans un flux perpétuel. »

12.　　　Principe interne. — Leibniz nous renvoie lui-même à deux paragraphes de la Théodicée, où l'action de ce Principe interne est mise dans son meilleur jour. « Je soutiens que toutes les Âmes, Entéléchies ou Forces primitives, Formes substantielles, Substances simples ou Monades, de quelque nom qu'on les puisse appeler, ne sauraient naître naturellement ni périr. Et je ne conçois les qualités ou les forces dérivatives, ou ce qu'on appelle formes accidentelles, comme les modifications de l'Entéléchie primitive ; de même que les figures sont des modifications de la matière. C'est pourquoi ces modifications sont dans un changement perpétuel, pendant que la substance simple demeure. » (Théod., § 396.) Il va sans dire que, par l'entéléchie primitive, Leibniz désigne l'âme, la monade individuelle, et non Dieu, la monade des monades : autrement, il ferait ici profession de panthéisme, ce qui est fort éloigné de ses intentions. Il ajoute un peu plus loin : « J'avoue que l'âme ne saurait remuer les organes par une influence physique, car je crois que le corps doit avoir été formé de telle sorte par avance, qu'il fasse en temps et lieu ce qui répond aux volontés de l'âme ; quoiqu'il soit vrai cependant que l'âme est le principe de l'opération. Mais de dire que l'âme ne produit point ses pensées, ses sensations, ses sentiments de douleur et de plaisir, c'est de quoi je ne vois aucune raison. Chez moi, toute substance simple (c'est-à-dire toute substance véritable) doit être la véritable cause immédiate de toutes ses actions et passions internes ; et, à parler dans la rigueur métaphysique, elle n'en a point d'autres que celles qu'elle produit. (Théod., § 400.)

13. Un détail de ce qui change. — En d'autres termes, il faut que les changements soient à la fois successifs et permanents ; il faut que chaque acte du principe interne laisse après lui comme un résidu de lui-même. Ainsi, les terrains d'alluvions se forment peu à peu de la mince couche de limon que laisse chaque vague en se retirant. C'est par l'habitude que nous concevons les natures simples, car dans la production d'une habitude, seconde nature, nous voyons une nature, un être se former sous le regard de la conscience. Les habitudes sont les véritables énergies spécifiques, et, dans un sens, chaque être individuel est une espèce à part, et peut être le point de départ d'une variété de l'espèce, d'une espèce véritable.

14. Une multitude dans l'unité. — C'est ce que Leibniz, dans le paragraphe suivant, appelle proprement la Perception. Il faut entendre ce mot dans son sens le plus large : ainsi, les plantes peuvent et doivent être douées de perception. « Nous ne saurions dire en quoi consiste la perception des plantes, et nous ne concevons pas bien même celle des animaux. Cependant, il suffit qu'il y ait une variété dans l'unité, pour qu'il y ait une perception ; et il suffit qu'il y ait une tendance à nouvelles perceptions, pour qu'il y ait de l'appétit, selon le sens général que je donne à ces mots. M. Swammerdam a donné des observations qui font voir que les insectes approchent des plantes du côté des organes de la respiration, et qu'il y a un certain ordre dans la nature qui descend des animaux aux plantes. Mais il y a peut-être ailleurs des êtres entre deux. » (Lettres à Bourguet, IV, Erdm., p. 732, b.)

Tout changement naturel se fait par degrés. — C'est l'énonciation du principe de continuité que Leibniz se vante d'avoir introduit en philosophie, mais qui était déjà contenu dans les vieilles maximes : Natura non facit saltus, non datur in rerum natura vacuum formarum. « Les phénomènes actuels de la nature sont ménagés, et doivent l'être de telle sorte, qu'il ne se rencontre jamais rien où la loi de continuité (que j'ai introduite, et dont j'ai fait la première mention dans les Nouvelles de la République des Lettres de M. Bayle), et toutes les autres règles les plus exactes des mathématiques, soient violées. » (Réplique aux objections de Bayle, Erdm., 189, b.) Reportons-nous donc à cette première mention (1687). L'expression du principe est assez abstraite, mais éclaircie par les exemples que l'on trouvera dans l'extrait d'une lettre à M. Bayle. (Erdm., 104.) « Il a son origine de l'infini ; il est absolument nécessaire dans la géométrie, mais il réussit encore dans la physique, parce que la souveraine sagesse, qui est la source de toutes choses, agit en parfait géomètre, et suivant une harmonie à laquelle rien ne peut ajouter. On le peut énoncer ainsi : Lorsque les cas (ou ce qui est donné) s'approchent continuellement, et se perdent enfin l'un dans l'autre, il faut que les suites ou événements (ou ce qui est demandé) le fassent aussi. Ce qui dépend encore d'un principe plus général, savoir : Datis ordinatis etiam quæsita sunt ordinata. Mais, pour l'entendre, il faut des exemples. » Et Leibniz, entre autres exemples, donne celui-ci : « Le repos peut être considéré comme une vitesse infiniment petite, ou comme une tardité (sic) infinie. » (Erdm., 105, a.)

15.   Et c'est en quoi les cartésiens ont fort manqué. — Sur les perceptions insensibles, voyez le Ier livre des Nouveaux Essais. On ne peut pas dire que les cartésiens aient entièrement ignoré les perceptions inconscientes, puisqu'ils admettent que l'âme, substance pensante, pense toujours, même pendant le plus profond sommeil, et, par conséquent, qu'il n'y a pas de sommeil sans rêves. Seulement, ils n'ont pas su tirer, de ces faits d'obscure perception, le parti qu'en a tiré Leibniz. C'est ainsi que, pour ne pas accorder la pensée à l'animal, ils en font une simple machine. De même Spinoza, qui voit dans les passions des pensées inadéquates, professe une doctrine analogue à celle de Leibniz, malgré les différences de langage. Si l'on invoquait contre Leibniz son propre principe de continuité, on prouverait aisément qu'il n'est pas aisé

ni peut-être possible de tracer une ligne de démarcation bien nette entre les perceptions et les aperceptions. Il semble qu'il ne puisse exister de perception toute pure, sans commencement d'aperception ; car, d'où viendrait la conscience ? Son apparition serait surnaturelle. Un mouvement ne peut venir naturellement que d'un mouvement, et cette qualité nouvelle et essentielle de la conscience ne peut venir que d'une conscience antérieure ; donc, il y a déjà de l'aperception dans la perception.

Les âmes entièrement séparées ; opinion de la mortalité des âmes. — Leibniz, on le verra, soutient que l'âme ne saurait exister sans organisme, et qu'une immortalité, purement psychique, est inintelligible. Il accuse donc Descartes d'être trop platonicien sur ce point, mais Descartes ne s'est jamais expliqué nettement sur la nature de l'immortalité, et n'a dit nulle part que l'âme pût effectivement s'abstraire du corps. Il constate seulement que, dans la méditation, il se bouche les yeux et les oreilles, et impose silence à tous ses sens ;

pour le surplus, il déclare, non sans une nuance d'ironie, qu'il en sait moins que le chevalier Digby (auteur d'un traité de l'immortalité de l'âme). Leibniz, qui n'a pas de ces timidités, fait ailleurs un procès de tendance non plus aux esprits mal tournés, mais à Descartes lui-même. « Je dis donc que l'immortalité de l'âme, telle qu'elle est établie par Descartes, ne sert de rien et ne nous saurait consoler en aucune façon ; car, supposons que l'âme soit une substance, et que point de substance ne dépérisse ; cela étant, l'âme ne se perdra point, aussi, en effet, rien ne se perd dans la nature ; mais, comme la matière, de même l'âme changera de façon, et, comme la matière qui compose un homme a composé autrefois des plantes et d'autres animaux, de même, cette âme pourra être immortelle, en effet, mais elle passera par mille changements ; et ne se souviendra point de ce qu'elle a été. Mais celle immortalité sans souvenance est tout à fait inutile à la morale ; car elle renverse toute la récompense et tout le châtiment. À quoi vous servirait-il, Monsieur, de devenir roi de la Chine, à condition d'oublier ce que vous avez été ? Ne serait-ce pas la même chose, que si Dieu, en même temps qu'il vous détruisait, créait un roi dans la Chine. » (GERHARDT, 1er vol., p. 300.) On sent assez l'injustice de Leibniz, qui prête à Descartes des opinions analogues a celles qu'on attribue généralement à Spinoza, pour triompher plus aisément.

16.   Appétition. — L'appétition s'explique par les perceptions insensibles. « Il y a encore des efforts qui résultent des perceptions insensibles, dont on ne s'aperçoit pas, que j'aime mieux appeler appétitions que volitions (quoiqu'il y ait aussi des appétitions aperceptibles), car on n'appelle actions volontaires que celles dont on ne peut s'apercevoir, et sur lesquelles notre réflexion peut tomber, lorsqu'elles suivent la considération du bien et du mal. » (Nouv. Ess., liv. II, §5.)

17.   La moindre pensée enveloppe une variété dans l'objet. — Leibniz explique très clairement cette proposition au chapitre II, du IIe livre des Nouveaux Essais : « Il est manifeste, par exemple, que le vert naît du bleu et du jaune, mêlés ensemble ; ainsi, on peut croire que l'idée du vert est composée de ces deux idées. Et pourtant, l'idée du vert nous paraît aussi simple que celle du bleu ou que celle du chaud. Ainsi, il est à croire que ces idées, du bleu, du chaud, ne sont simples aussi qu'en apparence. Je consens pourtant volontiers, qu'on traite ces idées de simples, parce qu'au moins notre aperception ne les divise pas ; mais il faut venir à leur analyse par d'autres expériences et par la raison, à mesure qu'on peut les rendre plus intelligibles. » (Erdm., 227, a.)

Monsieur Bayle ne devait point y trouver de la difficulté. — Voici une partie du passage de l'article Rorarius, auquel Leibniz fait allusion : « Figurons-nous, à plaisir, un animal créé de Dieu, et destiné à chanter incessamment. Il chantera toujours, cela est indubitable ; mais si Dieu lui destine une certaine tablature, il faut, de toute nécessité, ou qu'il la lui mette devant les yeux, ou qu'il la lui imprime dans la mémoire, ou qu'il lui donne un arrangement de muscles, qui fasse, selon les lois de la mécanique, qu'un tel ton suive toujours celui-là, précisément selon l'ordre de la tablature. On ne conçoit pas que, sans cela, cet animal soit jamais capable de se conformer à toute la suite de notes que Dieu a marquée. Appliquons à l'âme de l'homme un pareil plan. M. Leibniz veut qu'elle ait reçu non seulement la faculté de se donner incessamment des pensées, mais aussi la faculté de suivre toujours un certain ordre de pensées, qui correspondent aux changements continuels de la machine du corps. Cet ordre de pensées est comme la tablature prescrite à l'animal musicien dont nous parlions ci-dessus. Ne faudrait-il pas que l'âme, pour changer à chaque moment ses perceptions ou ses modifications, selon cette tablature de pensées, connût la suite des notes et y songeât actuellement ? Or, l'expérience nous montre qu'elle n'en sait rien. Ne faudrait-il pas, pour le moins, qu'au défaut de cette science, il y eût en elle une suite d'instruments particuliers, qui fussent chacun une cause nécessaire d'une telle ou d'une telle pensée ? Ne faudrait-il pas les situer de telle façon, que précisément l'un opérât après l'autre, selon la correspondance préétablie entre les changements de la machine du corps et les pensées de l'âme ? Or, il est bien certain qu'une substance immortelle, simple et individuelle, ne peut point être composée de cette multitude innombrable d'instruments particuliers, placés l'un devant l'autre, selon l'ordre de la tablature en question. Il n'est donc pas possible que l'âme humaine exécute cette loi. » (Voy. la suite.)

18.   Inexplicable par des raisons mécaniques. — C'est une idée que Leibniz développe dans l'avant-propos des Nouveaux Essais. (Erdm., 203, a.) « Pour ce qui est de la pensée, il est sûr qu'elle ne saurait être une modification intelligible de la matière, c'est-à-dire que l'être pensant ou sentant n'est pas une chose machinale, comme une montre ou un moulin, en sorte qu'on pourrait concevoir des grandeurs, figures et mouvements, dont la conjoncture machinale pût produire quelque chose de pensant et même de sentant, dans une masse, où il n'y eût rien de tel, qui cesserait aussi de même par le déréglement de cette machine. » Le matérialisme est donc absolument inintelligible ; l'explication mécanique des choses échoue donc radicalement aussitôt qu'elle tente de rendre compte de la pensée et même de la plus obscure sensation. C'est que la pensée et la sensation sont essentiellement des actions internes, et que le mécanisme explique les choses par l'assemblage de leurs éléments, par des relations extérieures, tandis que le dynamisme se place d'emblée au cœur de la substance, et les perçoit du dedans. Leibniz, dans ce passage, devance les tentatives modernes d'explication de la pensée, par des mouvements ou modifications de la substance nerveuse cérébro-spinale : nous n'en sommes pas encore à nous promener en imagination dans le cerveau : sa structure est loin d'être parfaitement connue ; mais l'on voit qu'il ne faut pas fonder de grandes espérances sur les conquêtes futures de la physiologie, pour définir la pensée et la sensation ; ces conquêtes étendent le

domaine de la physiologie, mais ne nous font pas faire un seul pas vers l'explication dernière de la pensée et de la conscience. On lira avec intérêt la contre-partie de la théorie leibnizienne. Elle consiste à soutenir que le cerveau est essentiellement la machine intellectuelle, c'est-à-dire qu'il produit et élabore la pensée avec ou sans conscience. « La machine à vapeur est un mécanisme compliqué, dont la construction et la manière d'agir sont inconnues à un grand nombre de personnes ; mais dont la fonction, bien définie, est parfaitement connue de ces mêmes personnes, qui peuvent s'en former une conception assez exacte. Or, l'activité de la machine dans son ensemble, comme nous la concevons, est bien différente de l'ajustement précis de ses parties isolées ou de l'action de chacune d'elles prises isolément ; cependant sa fonction dépend autant de son mécanisme et de l'action coordonnée de ses parties, que d'une quantité suffisante de combustible ; elle ne peut pas être séparée de ses conditions, hors desquelles elle n'a pas d'existence réelle, mais elle peut exister dans notre esprit sous forme de conception. Par une série d'observations concrètes et d'abstractions appropriées, nous arrivons à l'idée essentielle d'une machine à vapeur, au concept fondamental, sorte de dernière généralisation de sa nature, le principe intime de sa possibilité en tant que machine à vapeur. Le procédé est le même par rapport aux phénomènes variés de l'esprit : à force de les observer et d'abstraire les cas particuliers, nous obtenons la conception générale de l'idée essentielle de l'esprit, qui n'a pas plus d'existence hors de l'esprit, que n'en a une abstraction ou un terme général quelconque... D'une abstraction métaphysique, on a fait une entité spirituelle ; et l'on a placé ainsi, sur la route de l'investigation positive, une barrière infranchissable. » (MAUDSLEY, Physiologie de l'Esprit, trad. Herzen, p. 75.)

19.   Automates incorporels. — Il ne faut pas entendre le mot automate dans le sens de machine, mais bien dans le sens étymologique de machine ayant en soi le principe de son mouvement. Toutefois, la pensée de Leibniz est un peu fuyante sur ce point : tantôt c'est le corps qu'il appelle un automate, et alors, c'est le premier sens qui domine ; et tantôt c'est l'âme, et il faut l'entendre dans le sens de spontanéité. Voici des exemples qui pourront éclaircir la difficulté. « L'auteur nie que Dieu puisse faire

un automate capable de faire, sans la raison, tout ce que l'homme fait avec la raison… Mais il y a des exemples sans nombre de tels ouvrages de Dieu, qui font bien plus. Ce qui forme le fœtus, est un automate dont l'artifice passe tout ce que les hommes peuvent faire par la raison : le plus beau poème, ou tel autre ouvrage d'esprit que ce puisse être, n'en approche pas. » (Erdm., 459, b.) Et ailleurs : « Il n'y a point de doute qu'un homme pourrait faire une machine capable de se promener, durant quelque temps dans une ville, et de tourner justement au coin de certaines rues. Un esprit incomparablement plus parfait, quoique borné, pourrait aussi prévoir et éviter un nombre incomparablement plus grand d'obstacles. » (Erdm., 183, b.) Voilà pour les automates corporels ; voici maintenant pour les automates incorporels. Reportons-nous d'abord au passage allégué par Leibniz. (Théod., §87.) « L'Entéléchie, étant permanente, porte avec elle non seulement une simple faculté active, mais aussi ce qu'on peut appeler:force, efforts, conatus, dont l'action même doit suivre, si rien ne l'empêche. La Faculté n'est qu'un attribut, ou bien un mode quelquefois; mais la Force, quand elle n'est pas un ingrédient de la substance même (c'est-à-dire la force qui n'est point primitive, mais dérivative), est une qualité qui est distincte et séparable de la substance. J'ai montré comment on peut concevoir que l'Âme est une force primitive, qui est modifiée et variée par les forces dérivatives ou qualités, et exercée dans les actions. » Enfin, Leibniz expliquera plus clairement sa pensée, quand il opposera définitivement son automate incorporel à l'automate spirituel de Spinoza. « Je dis que l'âme agit, et cependant qu'elle agit comme un automate spirituel… De même que, dans le corps, tout se fait par les mouvements, suivant les lois de la puissance, de même, dans l'âme, tout se fait par l'effort ou le désir, suivant les lois du bien… À mon avis, chaque substance est un empire dans un empire, mais dans un juste concert avec tout le reste. » (Réfut. inéd. de Spinoza, éd. Foucher de Carcil, p. 61.)

20.   Toutes les substances pourraient être appelées des Âmes. — Même difficulté que dans la distinction des perceptions et des aperceptions. Où finissent les simples Monades ou Entéléchies ? Où commencent les âmes véritables ? Il n'y a pas de réponse possible dans un système dont la loi de continuité est un des principes essentiels. Perception plus distincte, ce n'est qu'une

simple différence de degré ; quant à la mémoire, n'est-elle pas la conscience continuée, inséparable, comme la conscience même, de tout acte psychique, de toute activité spontanée. « L'on ne voit pas pourquoi les hommes ont eu tant de répugnance à accorder aux corps des autres créatures organiques des substances immatérielles, impérissables, puisque les défenseurs des atomes ont introduit des substances matérielles qui ne périssent point, et que l'âme de la bête n'a pas plus de réflexion qu'un atome. Car il y a bien de la distance entre le sentiment, qui est commun à ces âmes, et la réflexion, qui accompagne la raison puisque nous avons mille sentiments sans y faire réflexion, et je ne trouve point que les cartésiens aient jamais prouvé, ni qu'ils puissent prouver, que toute perception est accompagnée de conscience. Il est raisonnable aussi qu'il y ait des substances capables de perception au-dessous de nous, comme il y en a au-dessus, et que notre âme, bien loin d'être la dernière de toutes, se trouve dans un milieu dont on puisse descendre et monter. Autrement, ce serait un défaut d'ordre, que certains philosophes appellent vacuum formarum. » (Consid. sur le Princ. de la Vie, Erdm., 431, a.) Remarquons encore que les perceptions, ainsi que l'insinue Leibniz, ne sont distinctes que grâce à la mémoire, car l'esprit ne peut les distinguer qu'en les comparant, et les comparer qu'en conservant présentes les perceptions passées : la mémoire est donc la condition de la perception distincte, et les animaux sont incapables de réflexion, parce qu'ils ne sont que des esprits momentanés (mentes momentaneæ).

21.   Un profond sommeil sans aucun songe. — Il faut sous-entendre dont l'âme ait conscience et souvenir, car un tel sommeil est, de l'aveu de Leibniz, impossible. « Il est sûr que nous dormons et sommeillons, et que Dieu en est exempt. Mais il ne s'ensuit pas que nous soyons sans aucune perception en sommeillant. Il se trouve plutôt tout le contraire, si l'on y prend garde… Car autrement on pourrait dire, pour la même raison, qu'il n'y a point d'âme pendant qu'on ne s'en aperçoit point. » (Nouv. Ess., liv. II, §9.) Mais comment l'âme « se tire-t-elle » de cet état de défaillance et de profond sommeil ? Leibniz essaye de l'expliquer : « Il y a en elle non seulement un ordre de perceptions distinctes qui fait son empire, mais encore une suite de perceptions confuses, ou de passions, qui fait son esclavage : et il ne faut pas s'en étonner

; l'âme serait une divinité, si elle n'avait que des perceptions distinctes. Elle a cependant quelque pouvoir sur ses perceptions confuses, bien que d'une manière indirecte ; car, quoiqu'elle ne puisse changer ses passions sur-le-champ, elle peut y travailler de loin avec quelque succès, et se donner des passions nouvelles, et même des habitudes. Elle a même un pouvoir semblable sur les perceptions plus distinctes... et, quoique notre opinion et notre acte de vouloir ne soient pas directement des objets de notre volonté, on ne laisse pas de prendre quelquefois des mesures pour vouloir et même pour croire, avec le temps, ce qu'on ne veut ou ne croit présentement. Tant est grande la profondeur de l'esprit de l'homme ! » (Théod., §64.) Puisque Leibniz n'admet pas d'état de l'âme sans perception, puisqu'il admet, au contraire, une direction de nos volitions et de nos croyances inconscientes (direction, on le voit, volontaire, préméditée, qui n'aurait aucune prise sur des états qui, par hypothèse, échapperaient totalement à la conscience), il faut reconnaître qu'il n'y a pas dans sa doctrine de faits inconscients, mais simplement des faits subconscients, des perceptions à peine conscientes : la conscience n'éclaire que peu à peu les « profondeurs de l'esprit de l'homme », et, par conséquent, il peut y avoir des phénomènes crépusculaires, des phénomènes de pénombre ; mais l'obscurité en soi est inintelligible, et, si tout n'est pas en lumière, tout peut un jour venir à la lumière, tout, dès aujourd'hui, participe plus ou moins de la conscience ; en d'autres termes, la conscience est l'essence même des phénomènes psychologiques. Soutenir que le cerveau, sans la conscience, ne serait pas une moins bonne machine intellectuelle, c'est énoncer un non-sens. Machine, soit ; intellectuelle, jamais. Ce qui fait illusion, c'est une sorte d'anthropomorphisme par lequel on substitue sa propre conscience à celle que, par l'hypothèse, on soustrait au cerveau ; On traduit, en équivalent psychologique, des phénomènes tout mécaniques ; mais, pour les traduire, il faut une conscience, de sorte que la machine cérébrale, toute seule, n'a absolument rien d'intellectuel.

22.   La mort peut donner cet état, pour un temps, aux animaux. — Prenez le mot dans son sens le plus général : aux êtres animés, à l'homme lui-même. « Il suffit que les substances brutes demeurent seulement le même individu dans la rigueur

métaphysique, bien qu'ils soient assujettis à tous les changements imaginables, puisqu'aussi bien, ils sont sans conscience et sans réflexion.(Corresp. avec Arnauld. éd. Janet, p. 61.)

23.   Le présent y est gros de l'avenir. — Cf. le passage de la Théodicée auquel Leibniz renvoie le lecteur. « C'est une des règles de mon système de l'harmonie générale que le présent est gros de l'avenir, et que celui qui voit tout voit dans ce qui est ce qui sera. Qui plus est, j'ai établi d'une manière démonstrative que Dieu voit dans chaque partie de l'Univers l'Univers tout entier, à cause de la parfaite connexion des choses. Il est infiniment plus pénétrant que Pythagore, qui jugea de la taille d'Hercule par la mesure du vestige de son pied. » (Théod., §360.)

24.   Une perception ne saurait venir naturellement que d'une autre perception. — En vertu du principe que le présent est gros de l'avenir, chaque état de l'âme a sa raison et sa cause dans les états qui l'ont précédé : nulle action externe n'intervient dans la production des états de l'âme ; les perceptions n'ont donc pas d'autre cause naturelle que les perceptions. La monade les produit de son propre fonds. « On peut même dire qu'en conséquence de ces petites perceptions, le présent est plein de l'avenir et chargé du passé, que tout est conspirant (σύμπνοια πάντα (sympnoia panta) comme disait Hippocrate), et que dans la moindre des substances, des yeux aussi perçants que ceux de Dieu pouvaient dire toute la suite des choses de l'univers. » (Nouv. Ess., Avant-propos, Erdm., 197, b.)

25.   Nous serions toujours dans l'étourdissement. — Leibniz se commente lui-même de la manière suivante : « Nous éprouvons en nous-mêmes un certain état où nous n'avons aucune perception distincte et ne nous apercevons de rien, comme dans la défaillance, le sommeil profond, etc. Dans ces états, l'âme, quant au sens, ne diffère point d'une simple monade ; mais comme ce n'est pas là l'état habituel et durable de l'homme, il faut bien qu'il y ait en lui quelque autre chose. La multitude des perceptions où l'esprit ne distingue rien fait la stupeur et le vertige, et peut ressembler à la mort. En sortant de cette stupeur, comme en s'éveillant, l'homme qui recommence à avoir la conscience de ses perceptions s'assure bien qu'elles ont été précédées ou amenées par d'autres qui étaient en lui sans qu'il s'en aperçût ; car une perception ne peut naître

naturellement que d'une autre perception, comme un mouvement naît d'un autre mouvement. Ainsi se distingue par le fait de conscience ou l'observation de nous-mêmes la perception qui est l'état intérieur de la monade, représentant les choses externes, et l'aperception qui est la conscience ou la connaissance réflexive de cet état intérieur, laquelle n'est point donnée à toutes les âmes, ni toujours à la même âme. » (Comment. de anima brutorum. Cette élégante traduction est de Maine de Biran, dans son étude sur Leibniz.)

C'est l'état des monades toutes nues. — Toutes nues, c'est-à dire les plus pauvres en aperceptions. Leibniz distingue la matière prise au sens physique et qu'il appelle « nuda ou materia prima de la substance prise au sens métaphysique et qu'il appelle vestita ou materia secunda. À prendre les choses à la lettre, il n'y a pas de monade toute nue, car il n'y a pas de monade physique ou matérielle : les monades sont essentiellement des êtres métaphysiques, et il ne s'agit ici que de monades relativement nues ou revêtues au moindre degré de perceptions et d'aperception. Cette réserve faite de l'expression qu'emploie Leibniz, remarquons avec quelle profondeur il développe contre Bayle cette opinion qu'une monade nue peut agir selon la raison la plus sévère et la science la plus étendue sans rien connaître de cette raison et de cette science qu'elle applique si bien. « Quelle nécessité y a-t-il qu'on sache toujours comment se fait ce qu'on fait... Faut-il qu'une goutte d'huile ou de graisse entende la géométrie pour s'arrondir sur la surface de l'eau... Nous ne formons pas nos idées parce que nous le voulons : elles se forment en nous, elles se forment par nous, non pas en conséquence de notre volonté, mais suivant notre nature et celle des choses... Il faut savoir que toute substance simple enveloppe l'Univers par ses perceptions confuses ou sentiments, et que la suite de ces perceptions est réglée par la nature particulière de cette substance... Mais il est impossible que l'âme puisse connaître distinctement toute sa nature et s'apercevoir comment ce nombre innombrable de petites perceptions, entassées ou plutôt concentrées ensemble, s'y forme : il faudrait pour cela qu'elle connût parfaitement tout l'Univers qui v est enveloppé, c'est-à-dire qu'elle fût un Dieu. » (Théod., § 403.)

26.   Plus d'efficace par leur union. — Les organes auraient

pour principale fonction de concentrer les impressions physiques, de les recueillir, de les centraliser afin qu'elles deviennent sensibles, perceptibles. Ainsi l'œil centralise les ondulations de l'éther ; l'oreille, les vibrations de l'air. On peut toutefois se demander si Leibniz tient un compte suffisant des énergies spécifiques des nerfs et des centres cérébraux. Le véritable organe est place dans le cerveau : c'est le centre de perception. L'organe externe ne fait que concentrer sur ce point les excitations, mais cette concentration n'aurait aucun effet, si ce point était atrophié : il ne suffit pas seulement de recueillir beaucoup d'excitations, il faut encore, dirait Cabanis, que le cerveau les digère et les transforme. Il est donc très vrai de dire que les impressions acquièrent plus d'efficace par leur union, mais cette union ne saurait remplacer les énergies spécifiques des nerfs et du cerveau dont Leibniz ne dit mot; L'accumulation et, pour ainsi parler, l'exaltation des impressions, est la première condition de la perception, mais non la seule.

27.   Tantôt. — Voy., § 62 et §§ 78-81. Pour ce qui est de cette quantité d'autres sens dont parle ici Leibniz, il ne s'explique nulle part assez clairement. Il faut entendre sans doute par cette expression un sens magnétique, un sens électrique qui nous rendraient sensibles aux variations de l'état magnétique et électrique des corps comme nous le sommes aux variations lumineuses et thermiques. On sait que les anciens admettaient des sens internes généralement abandonnés par les modernes après les abus qu'en firent les scolastiques. Avicenno en admettait cinq : sens commun, estimative, imagination, fantaisie, mémoire. Leibniz insiste souvent sur la nécessité d'admettre ce que nous pouvions appeler, pour fixer sa pensée, un sens du corps : « Il est vrai que nous ne nous apercevons pas distinctement de tous les mouvements de notre corps, comme par exemple de celui de la lymphe, mais (pour me servir d'un exemple que j'ai déjà employé) c'est, comme il faut bien que j'aie quelque perception du mouvement de chaque vague du rivage, afin de me pouvoir apercevoir de ce qui résulte de leur assemblage, savoir de ce grand bruit qu'on entend proche la mer ; ainsi nous sentons aussi quelque résultat confus de tous les mouvements qui se passent en nous ; mais étant accoutumés à ce mouvement interne, nous ne nous en apercevons distinctement et avec réflexion que lorsqu'il y a une altération considérable, comme

dans les commencements des maladies. Et il serait à souhaiter que les médecins s'attachent à distinguer plus exactement ces sortes de sentiments confus que nous avons dans notre corps. » (Lettre à Arnauld, éd. Janet, p. 669.)

28. **Consécution qui imite la raison.** — Le mot latin consecutio signifie suite, enchaînement. C'est donc bien de la loi d'association des idées ou des mariages qu'il s'agit ici, Leibniz dit qu'elle imite la raison : les modernes associationnistes soutiennent qu'elle remplace la raison. Le dernier chapitre du deuxième livre des Nouveaux Essais développe l'idée que Leibniz se contente d'indiquer ici : « J'ai remarqué, en parlant du raisonnement des bêtes, que l'homme aussi bien que la bête est sujet à joindre par sa mémoire et par son imagination ce qu'il a remarqué joint dans ses perceptions et ses expériences. C'est en quoi consiste tout le raisonnement des bêtes, s'il est permis de l'appeler ainsi, et souvent celui des hommes, en tant qu'ils sont empiriques et ne se gouvernent que par les sens et les exemples, sans examiner si la même raison a encore lieu. Et comme souvent les raisons nous sont inconnues, il faut avoir égard aux exemples, à mesure qu'ils sont fréquents ; car alors l'attente ou la réminiscence d'une autre perception qui y est ordinairement liée est raisonnable ; surtout quand il s'agit de se précautionner... Une impression, fortuite, mais violente, joint dans notre mémoire deux idées qui déjà y étaient ensemble et nous donne le même penchant de les lier et de les attendre l'une ensuite de l'autre que si un long usage en avait vérifié la connexion ; ainsi le même effet de l'association s'y trouve, quoique la même raison n'y soit pas. » À l'association fortuite, contingente, arbitraire, la seule que l'on invoque pour expliquer l'intelligence par les influences extérieures, il faut ajouter, selon Leibniz et selon M. Ravaisson, une association qui est l'œuvre même de la conscience et de la raison et ne s'explique que par la spontanéité de l'esprit. « Deux perceptions ne se rappellent pas l'une l'autre dans le cas uniquement où elles se sont trouvées ensemble, ce qui est le cas où le positivisme réduit tous leurs rapports, mais surtout lorsqu'elles entrent en droit pour ainsi dire dans une même conscience, lorsqu'elles forment comme des parties d'une même idée et que par l'une l'esprit complète l'autre... En d'autres termes, ce principe de l'association et de la mémoire n'est autre que la raison. » (RAVAISSON, Ph. en France

au XIXe siècle. 2e éd., p. 176.) Leibniz dans le paragraphe 65 du Discours préliminaire développe ces deux idées, que ni les sens ni la raison ne nous trompent. « C'est notre sens interne qui nous fait souvent aller trop vite ; et cela se trouve aussi dans les bêtes, comme lorsqu'un chien aboie contre son image dans un miroir... Les apparences des sens ne nous promettent pas absolument la vérité des choses, non plus que les songes. C'est nous qui nous trompons par l'usage que nous, en faisons... Il est donc vrai que les apparences sont souvent contraires à la vérité ; mais notre raisonnement ne l'est jamais, lorsqu'il est exact et conforme aux règles de l'art de raisonner. Si par la Raison on entendait en général la faculté de raisonner bien ou mal, j'avoue qu'elle nous pourrait tromper et nous trompe en effet, et que les apparences de notre entendement sont aussi souvent trompeuses que celles des sens ; mais il s'agit ici de l'enchaînement des vérités et des objections en bonne forme, et dans ce sens, il est impossible que la raison nous trompe. »

29.   Tout d'un coup l'effet d'une longue habitude. — Il ne faut donc pas, comme on le fait souvent, ramener l'habitude à la répétition. La répétition n'est que son apparence extérieure la plus commune : l'habitude est une disposition intérieure qui existe dès le premier acte et ne fait que s'accroître par l'effet des actes successifs. Il en est exactement de même de la mémoire et de l'association, qui ne sont que des habitudes intellectuelles.

30.   Les médecins empiriques. — Il y avait dans l'antiquité trois sectes médicales, celle des empiriques, celle des dogmatiques et celle des méthodistes. Celse les caractérise à peu près de cette manière : les empiriques ne reconnaissent que des causes visibles, c'est-à-dire des antécédents des maladies ; ils déclarent que la nature est en elle-même incompréhensible, que, par conséquent, la recherche des causes cachées et des actions naturelles est absolument stérile, et ils en donnent pour preuve les éternelles disputes des philosophes entre eux, des médecins entre eux et des philosophes avec les médecins. — Les dogmatiques, au contraire, font profession de remonter jusqu'aux causes cachées des maladies, sans négliger les causes visibles, et ils appellent causes cachées les éléments, constitutifs de notre corps. Ils veulent aussi, conséquemment, que le médecin connaisse l'anatomie et le

jeu des actions naturelles, c'est-à-dire la physiologie. Ils sont loin de nier l'utilité, la nécessité de l'expérience, mais ils soutiennent que l'expérience est impossible sans la raison qui en est comme le flambeau. — Quant aux méthodistes, leur système consiste à laisser de côté et les causes profondes et cachées et les causes visibles et évidentes pour s'en tenir à l'étude des communautés des maladies. Par exemple, il y a trois genres de maladie, le resserré, le relâché et le mixte : sachez dans quel genre vous devez classer telle maladie que vous avez à traiter et vous saurez par là même quels sont les remèdes appropriés sans vous perdre dans le raisonnement et sans vous enchaîner aux expériences. (Voy. CELSE, De Re Medicina., liv. Ier, passion.)

31.   La connaissance des vérités nécessaires et éternelles. — C'est-à-dire la connaissance du principe de contradiction et du principe de raison suffisante auxquels, en maint endroit, Leibniz s'efforce de ramener tous les autres. Voici une définition de l'âme humaine qui précise la pensée de Leibniz : « Mens est anima rationalis, ubi sensioni accedit ratio, seu consecutio ex universalitate veritatum. » (Lettre à Wagner, Erdm., 466, a.) On sait que, pour Leibniz, ces vérités ne sont pas moins nécessaires pour juger et raisonner, « que les muscles et les tendons pour marcher. » On sait aussi que la science, comme la raison, nous est innée. « Dans ce sens on doit dire que toute l'arithmétique et toute la géométrie sont innées d'une manière virtuelle, en sorte qu'on les y peut trouver en considérant attentivement et rangeant ce qu'on a déjà dans l'esprit sans se servir d'une vérité apprise par l'expérience ou par la tradition d'autrui. » Mais comment la connaissance des vérités nécessaires et éternelles, qui nous élève à la connaissance de Dieu, puisque Dieu est la raison des possibles (principe de contradiction) et des réalités (principe de raison suffisante) nous donne-t-elle la connaissance de nous-mêmes ? Est-ce dans le sens de Bossuet : « La connaissance de nous-mêmes nous élève à la connaissance de Dieu » ? Ce n'est pas de cette manière indirecte qu'il faut expliquer la pensée de Leibniz : le fond de notre moi véritable, ce n'est pas l'anima, c'est la mens, c'est-à-dire, selon l'esprit de la définition citée plus haut, la ratio. C'est la pensée profonde que développe M. Janet. « La personne n'est pas l'individu. L'individu se compose de tous les accidents particuliers qui distinguent un

homme d'un autre : c'est la chair. La personne est la conscience de l'impersonnel : c'est l'esprit. (Morale, préface, XII.)

32. Actes réflexifs. — Si notre interprétation du paragraphe précédent est exacte, celui-ci cessera d'être obscur : les actes réflexifs sont à la fois des actes de conscience et des actes de raison, et c'est en ceci que la métaphysique confine à la psychologie. En effet, il y a des illusions des sens, du raisonnement et de la conscience : les sens ne perçoivent souvent que des apparences, la raison se laisse abuser par des consécutions trompeuses, la conscience prend pour le moi la réfraction du moi dans le milieu des phénomènes internes ou dans le milieu physiologique. La vraie conscience étant celle de l'impersonnel, elle se confond avec la raison : ce n'est pas l'individu qui est l'objet des actes réflexifs, c'est la personne, le moi véritable. Or celui-ci n'existe pas sans les principes qu'il porte en lui : il est inné à lui-même ; considéré à part, il est abstrait aussi bien qu'immatériel ; considérés à part, les principes de la raison deviennent mathématiques, métaphysiques, mais primitivement ils sont psychologiques et c'est par eux que le moi devient perceptible. De même le fait primitif de conscience ne saurait se détacher et se fixer à part : il deviendrait un pur néant, quelque chose d'inintelligible. Effort ou principe, il faut à la forme de la conscience une matière qui la révèle : chez Maine de Biran, c'est le mouvement, l'effort ; chez Leibniz, ce sont des principes, l'aperception. Ni l'un ni l'autre ne saurait admettre une substance nue, une cause inerte : la perception d'une telle substance échapperait à la conscience exactement comme la Res de Descartes, éternellement voilée soit par la pensée soit par l'étendue et qui, par conséquent, qu'elle soit dite Res cogitans ou Res extensa, peut fort bien n'être qu'une seule et même Res douée de deux attributs comme l'affirme Spinoza. Dans le passage qui nous occupe on voit fort bien comment Leibniz distingue notre âme du monde des corps : les êtres inanimés ou purement sensitifs ne sauraient s'abstraire pour se réfléchir. Ils sont, pour ainsi dire, enfoncés dans leurs perceptions actuelles qui forment comme un monde matériel, une atmosphère épaisse qui les enserre et étouffe eu eux toute vie spirituelle. Mais on voit moins aisément comment l'âme se distingue de Dieu : elle ne saurait s'identifier avec la matière, mais comment évite-t-elle de se confondre avec Dieu. « Raison, raison, n'es-tu pas le

Dieu que je cherche ? » Puisqu'en pensant à nous, nous pensons à l'Être, est-ce que nous ne nous confondons pas avec l'Être ? Si la conscience devient Raison, le moi ne devient-il pas Dieu. Il semble que dans le système de Leibniz, penser, c'est penser Dieu. Spinoza déduit la conscience individuelle de la conscience divine : se connaître soi-même, dit-il, c'est une propriété que la pensée transporte avec elle et que par conséquent elle ne cesse point de posséder en tant qu'elle constitue nos âmes. N'est-ce pas le fond de la théorie leibnizienne et comment éviter de faire de l'homme une Raison consciente, c'est-à-dire Dieu lui-même en tant qu'il se limite et s'impose des bornes par l'insuffisante réceptivité de l'être créé par fulgurations. En nous Dieu aurait aussi conscience de lui-même et se verrait réfléchi à l'infini, mais c'est en lui seulement que nous trouverions le type absolu de la conscience et de la raison. Dans l'élaboration commune de la psychologie que nous appelons biranienne. Ampère insiste sur l'aperception de la raison qui est au fond du moi, Biran sur l'aperception de la conscience qui est la forme personnelle de la raison. Voici un passage de M. Ravaisson qui explique admirablement, sinon la lettre au moins l'esprit de ce paragraphe important. « Comment il y a au fond de toute connaissance — (de toute conscience par conséquent) — un absolu auquel correspond, comme son opposé, le relatif, c'est ce qu'établissait, il y a plus de vingt siècles, contre une doctrine déjà régnante alors de relativité et de mobilité universelles, la dialectique platonicienne, qui fraya le chemin à la métaphysique. Elle faisait plus : elle montrait que par cet absolu seul les relations sont intelligibles, parce qu'il est la mesure par laquelle seule nous les estimons. La métaphysique, entre les mains de son immortel fondateur, fit davantage encore : elle montra que cet absolu, par lequel l'intelligence mesure le relatif, est l'intelligence même. C'est ce que redisait Leibniz lorsque, à cette assertion, renouvelée de la scolastique par Locke, qu'il n'était rien dans l'intelligence qui n'ait été dans le sens, il répondait : « sauf l'intelligence » et que, avec Aristote, il montrait dans l'intelligence la mesure supérieure du sens. » (Rapport, 2e éd., p. 71.)

33.

34.   Principe de contradiction ; Principe de Raison suffisante.
— Nous ne pouvons mieux faire pour commenter ces deux

paragraphes que de nous reporter, comme l'indique Leibniz, au §41 de la Théodicée. « Tous les philosophes reconnaissent que la vérité des futurs contingents est déterminée et qu'ils ne laissent pas de demeurer contingents. C'est que la chose n'impliquerait aucune contradiction en elle-même, si l'effet ne suivait ; et c'est en cela que consiste la contingence. Pour mieux entendre ce point, il faut considérer qu'il y a deux grands principes de nos raisonnements ; l'un est le principe de contradiction qui porte que de deux propositions contradictoires, l'une est vraie, l'autre est fausse ; l'autre principe est celui de la raison déterminante : est que jamais rien n'arrive sans qu'il y ait une cause ou du moins une raison déterminante, c'est-à-dire quelque chose qui puisse servir à rendre raison à priori pourquoi cela est existant plutôt que de toute autre façon. Ce grand principe a lieu dans tous les événements, et on ne donnera jamais un exemple contraire : et quoique le plus souvent ces raisons déterminantes ne nous soient pas assez connues, nous ne laissons pas d'entrevoir qu'il y en a. Sans ce grand principe, nous ne pourrions jamais prouver l'existence de Dieu et nous perdrions une infinité de raisonnements très justes et très utiles, dont il est le fondement… Aussi n'est-il rien de si faible que ces systèmes où tout est chancelant et plein d'exceptions. » Le §169 est consacré à l'examen de l'opinion d'Épicure. « Il paraît, dit Leibniz, qu'Épicure, pour conserver la liberté et pour éviter une nécessité absolue, a soutenu après Aristote, que les futurs contingents n'étaient point capables d'une vérité déterminée… Il serait beaucoup moins honteux d'avouer que l'on ne peut répondre à l'adversaire que de recourir à de semblables moyens. » Le principe de raison suffisante pourrait aussi s'appeler le principe de l'universelle intelligibilité : il consiste, en effet, à soutenir que tout est intelligible et peut être ramené aux lois de notre intelligence sinon par nous, du moins par une intelligence supérieure à la nôtre, infinie. Tous les progrès de la science confirment ce principe puisqu'ils consistent à ramener aux lois de notre intelligence une portion de plus en plus grande de la réalité. Pourtant, des philosophes contemporains soutiennent qu'il y a nécessairement et de l'inconnu, et de l'inconnaissable. C'est, au fond, nier le principe de raison, nier la raison. Platon disait que tout a son idée, c'est-à-dire son explication, sa raison d'être, son principe d'essence et d'existence. On pourrait résumer le système de Platon et de Leibniz sous cette forme : « Tout ce qui est rationnel est réel. » Ce commentaire explique le mot de Leibniz qui a quelquefois étonné les interprètes de sa doctrine portés en général à la rattacher au péripatétisme plutôt qu'au platonisme. « Le sien (le système de Locke) a plus de rapport à Aristote et le mien à Platon, quoique nous nous éloignions en bien des choses l'un et l'autre de la doctrine de ces deux anciens. » (Nouv. Ess., Avant-propos, Erdm., 191., a.) Opposons à la doctrine demi-sceptique de l'inconnaissable, qui peut être prise dans un bon sens, la doctrine de Hégel qui pourrait se résumer dans cette formule : « Tout ce qui est rationnel est réel. » La première nous interdit la sphère du divin comme impénétrable, la seconde fait de notre intelligence la mesure de toutes choses et la mesure de Dieu : l'une et l'autre sont en contradiction avec l'esprit du leibnizianisme. Notre esprit réclame impérieusement une raison suffisante de chaque chose parce qu'il sait que Dieu ne l'aurait pas créée sans cette raison. « Si cette opinion était véritable (qu'un univers possible peut être meilleur que l'autre à l'infini), il s'ensuivrait que Dieu n'en aurait créé aucun ; car il est incapable d'agir sans raison et ce serait même agir contre la raison. C'est comme si l'on s'imaginait que Dieu eût décrété de faire une sphère matérielle, sans qu'il y eût aucune raison de la faire d'une telle ou telle grandeur. Ce décret serait inutile, il porterait avec soi ce qui en détruit l'effet. » (Théod., §196.)

35.　　Celles de raisonnement et celles de fait. — Les vérités de fait expriment la réalité actuelle des choses ; celles de raisonnement, leur éternelle possibilité. Les premières ne peuvent donc être établies par le raisonnement qu'autant que le raisonnement trouve sa vérification dans l'expérience. Elles ne sont pas au fond, d'autre nature, car, qui dit réalité, dit nécessairement possibilité. « Dans la région des vérités éternelles se trouvent tous les possibles et par conséquent tant le régulier que l'irrégulier : il faut qu'il y ait une raison qui ait fait préférer l'ordre et le régulier, et cette raison ne peut être trouvée que dans l'entendement. De plus, ces vérités mêmes ne sont pas sans qu'il y ait un entendement qui en prenne connaissance, car elles ne subsisteraient point, s'il n'y avait un entendement divin où elles se trouvent réalisées pour ainsi dire. » (Théod. §189.) Ailleurs il explique sa pensée par un exemple : « On peut dire de M. Bayle : Ubi bene nemo melius quoiqu'on ne puisse pas dire de lui ce qu'on disait d'Origène : Ubi male nemo pejus... Cependant M. Bayle gâte un peu ce qu'il a dit avec tant de raison : Or quelle contradiction y aurait-il à ce que Spinoza fût mort à Leyde ? La nature aurait-elle été moins parfaite, moins sage, moins puissante ? — Il confond ici ce qui est impossible parce qu'il implique contradiction, avec ce qui ne saurait arriver parce qu'il n'est pas propre à être choisi. Il est vrai qu'il n'y aurait point eu de contradiction dans la supposition que Spinoza fût mort à Leyde, et non pas à La Haye ; il n'y avait rien de si possible : la chose était donc indifférente par rapport à la puissance de Dieu. Mais il ne faut pas s'imaginer qu'aucun événement, quelque petit qu'il soit, puisse être conçu comme indifférent par rapport à sa sagesse et à sa bonté. » (Théod., §174.) Ainsi nous sommes forcés de contrôler nos raisonnements par les faits, parce qu'il nous est impossible de connaître toutes les raisons des faits : une intelligence capable d'embrasser toutes ces raisons intuitivement ou de les enchaîner déductivement, en les rattachant les unes aux autres, serait par là même affranchie de la nécessité de l'expérience.

36.   Il y a des idées simples dont on ne saurait donner la définition, parce que définir c'est faire connaître une idée par l'énumération des éléments qu'elle contient. — Parmi les idées appelées simples, les unes le sont en réalité, les autres seulement en apparence et par suite de l'impuissance du langage et de nos sens qui sont des instruments d'analyse et d'abstractions. Les idées vraiment simples sont les idées d'être, d'un, d'identique, etc. Si on pouvait les désigner par des signes simples comme elles, en désignant les idées complexes par les mots formés des signes qui correspondent à leurs éléments, on aurait une langue ou caractéristique universelle. — Quant aux idées qui ne sont simples qu'en apparence, ce sont les idées sensibles, toujours décomposables par la pensée ou par des instruments perfectionnés. « Je crois qu'on peut dire, que ces idées sensibles sont simples en apparence, parce qu'étant confuses elles ne donnent point à l'esprit le moyen de distinguer ce qu'elles contiennent... Je consens pourtant volontiers qu'on traite ces idées de simples parce qu'au moins notre aperception ne les divise pas ; mais il faut venir à leur analyse par d'autres expériences et par la raison, à mesure qu'on peut les rendre plus intelligibles. » (Nouv. Ess., liv. II, ch. IV.)

Énonciations identiques. — Selon Leibniz il n'y a pas d'autres propositions évidentes que ces énonciations identiques ou propositions essentiellement analytiques. Kant au contraire considère la définition de la ligne droite, par exemple, comme une proposition synthétique, c'est-à-dire dont l'attribut n'est pas enveloppé dans le sujet et lui ajoute quelque chose. La théorie de Leibniz semble aboutir à la langue des calculs telle que l'entendait Condillac : les raisonnements ne seraient que des suites d'identités. Selon Kant, les jugements synthétiques seraient les seuls instructifs ; les autres ne seraient que l'inventaire de nos connaissances et le catalogue de nos idées. On sait aussi que la grande question métaphysique, selon Kant, est celle-ci : les jugements synthétiques à priori sont-ils possibles ?

37.   Détail sans bornes, variété immense des choses, infinité de figures et de mouvements présents et passés. — On connaît le mot : dum Deus calculat et cogitationem exercet fit mundus. Dieu seul est capable par l'infinité de son intelligence et la perfection de ses calculs de résoudre à chaque instant le problème suivant : « Étant donné l'état intérieur d'une monade, quel est l'état correspondant de toutes les monades de l'univers ? » La résolution en raisons particulières serait donc toujours possible si nous avions une vue aussi pénétrante que celle de Dieu. Ainsi, dans les cas de prétendue liberté d'indifférence, Dieu voit nettement les motifs qui nous échappent et pourtant nous inclinent. (Théod., §49.) L'âme de Buridan n'est en effet qu'un âne : son ignorance explique son indifférence, mais son indifférence n'est jamais complète, il s'ensuit que son ignorance n'est jamais entière. C'est ainsi « qu'un ange, Dieu au moins pourrait toujours rendre raison du parti que l'homme a pris, en assignant une cause ou une raison inclinante qui l'a porté véritablement à le prendre ; quoique cette raison serait souvent bien composée et inconcevable à nous-mêmes, parce que l'enchaînement des causes liées les unes aux autres va loin. » Le sage ressemble donc à Dieu en ce qu'il peut toujours, comme dit Cicéron, donner une raison plausible de sa conduite ; ce qui est, envisagée au moral, la définition même que Socrate ou Bossuet donneraient de l'homme et de la sagesse, l'être qui se connaît lui-même, la science de l'homme et de Dieu. « Le sage agit toujours par principes ; il agit toujours par règles et jamais

par exceptions que lorsque les règles concourent entre elles par
des tendances contraires, où la plus forte l'emporte ; autrement,
ou elles s'empêcheront mutuellement, ou il en résultera quelque
troisième parti ; et dans tous ces cas, une règle sert d'exception à
l'antre, sans qu'il y ait jamais d'exceptions originales auprès de celui
qui agit toujours régulièrement » (Théod., §337.)

38.   Revenir plus haut en :a, b et c La raison suffisante et
dernière… est ce que nous appelons Dieu. — C'est la preuve
dite du premier moteur que Leibniz reprend ici sous une forme
personnelle et originale. Il ne saurait sur ce point rester fidèle à
la pensée péripatéticienne, puisque chaque monade est la source
de son propre mouvement ou changement interne et que, par
conséquent, il n'y a pas entre Dieu auteur du mouvement et les êtres
particuliers sièges de ce mouvement une série d'intermédiaires. Les
monades n'ayant pas de fenêtres, leur mouvement interne ne saurait
leur venir du dehors. La destinée de chaque être est préétablie : une
fois créées par fulgurations, harmonisées les unes avec les autres,
les monades se suffisent. La première chiquenaude a donné la vie à
tout, et tout continue de vivre sans qu'il soit besoin d'admettre en
outre le désir par lequel chaque être aspire à atteindre l'être qui lui
est immédiatement supérieur. Comment aurait-il cette aspiration
qui supposerait une attraction réelle de l'être supérieur et exigerait
en conséquence une sorte de pénétration mutuelle des monades
? Il fallait donc écrire raison là où Aristote écrivait mouvement.
La même vie interne et les mêmes êtres existent, mais il n'y a plus
de séries linéaires pour ainsi dire : l'harmonie les remplace toutes.
Cette réserve faite, la preuve est identique dans les deux philosophes
et il n'est pas bien difficile de reconnaître l'ἀνάγκη στῆναι d'Aristote
dans le passage suivant qui est le vrai commentaire de ces trois
paragraphes essentiels de la Monadologie : « Dieu est la première
raison des choses : car celles qui sont bornées, comme tout ce que
nous voyons et expérimentons, sont contingentes et n'ont rien en
elles qui rende leur existence nécessaire ; étant manifeste que le
temps, l'espace et la matière, unies et uniformes en elles-mêmes, et
indifférentes à tout, pouvaient recevoir de tout autres mouvements
et figures, et dans un autre ordre. Il faut donc chercher la raison
de l'existence du monde, qui est l'assemblage entier des choses
contingentes : et il la faut chercher dans la substance qui porte la

raison de son existence avec elle, et laquelle par conséquent est nécessaire et éternelle. Il faut aussi que cette cause soit intelligente : car ce monde qui existe étant contingent, et une infinité d'autres mondes étant également possibles et également prétendants à l'existence, pour ainsi dire, aussi bien que lui, il faut que la cause du monde ait eu égard ou relation à tous ces mondes possibles pour en déterminer un. Et cet égard ou rapport d'une substance existante à de simples possibilités ne peut être autre chose que l'entendement qui en a les idées ; et en déterminer une ne peut être autre chose que l'acte de la volonté qui choisit. Et c'est la puissance de cette substance qui en rend la volonté efficace. La puissance va à l'être, la sagesse ou l'entendement au vrai, et la volonté au bien. Et cette cause intelligente doit être infinie de toutes les manières et absolument parfaite en puissance, en sagesse et en bonté puisqu'elle va à tout ce qui est possible. Et comme tout est lié, il n'y a pas lieu d'en admettre plus d'une. Son entendement est la source des essences et sa volonté est l'origine des existences. Voilà en peu de mots la preuve d'un Dieu unique avec ses perfections, et par lui, l'origine des choses. » (Théod., §7.)

Il n'y a qu'un Dieu et ce Dieu suffit. — Cette conclusion fait ressorti la supériorité de la preuve leibnizienne sur la preuve dite des causes finales et tirée de l'ordre qui règne dans le monde : à côté de l'ordre on montre le désordre, donc deux dieux possibles, l'un principe du bien, l'autre principe du mal ; si la cause de l'ordre est prouvée, il reste à démontrer la cause des êtres ainsi ordonnés, donc la matière peut être éternelle ; notre connaissance de l'ordre est bornée, donc la cause de l'ordre peut être finie, très puissante et non toute-puissante. La preuve a contingentia mundi répond, selon Leibniz, à toutes ces objections, au manichéisme, au dualisme et au polythéisme.

39.   Substance unique, universelle et nécessaire. — Ces expressions ne seraient pas désavouées par Spinoza. Il importe en effet de remarquer : 1° que Dieu est une monade, la monade des monades ; 2° que les monades sont des forces douées de presque tous les attributs de la substance unique de Spinoza. On lit en effet dans la Réfutation inédite de Spinoza : « Aucune substance, pas même la substance corporelle n'est divisible. » Cela n'a rien qui étonne dans son système parce qu'il n'admet qu'une seule substance. Mais cela

est également vrai dans le mien, bien que j'admette une infinité de substances ; car, dans mon système, toutes sont indivisibles ou monades. Ce rapprochement fait par Leibniz lui-même et joint au passage des Nouv. Ess., où il avoue qu'il a penché pendant un temps du côté du spinozisme, nous montre que la monade est conçue dans une certaine mesure par analogie avec la substance : les monades sont des dieux, mais la perfection divine est une limite qu'elles n'atteindront jamais. On lit encore dans le même ouvrage : « À mon avis, on peut jusqu'à un certain point concevoir les essences sans Dieu ; mais les existences enveloppent Dieu, et la réalité même des essences qui les fait influer sur les existences est de Dieu. Les essences des choses sont coéternelles à Dieu et l'essence même de Dieu embrasse toutes les autres essences, — à ce point qu'on ne saurait avoir une conception parfaite de Dieu sans elles. Mais quant à l'existence, on ne saurait la concevoir sans Dieu, qui est la dernière raison des choses. » Ce sont là sinon de graves concessions à Spinoza, du moins de grandes, de frappantes analogies avec son système. Dire que les essences peuvent jusqu'à un certain point se concevoir sans Dieu, c'est accorder à Spinoza qu'il peut y avoir idée et peut-être pensée sans entendement, grave concession ; dire que c'est l'existence seule, c'est-à-dire au fond le seul phénomène qui justifie la nécessité de Dieu, c'est faire reposer cette nécessité sur la contingence : Leibniz ne se sauve donc du spinozisme, qu'en mettant dans les possibles, dans tous les possibles, réalisés ou non, la tendance qui est déjà une forme de l'existence, une existence appauvrie, essentiæ in existentias influunt. Il faut d'ailleurs reconnaître, que le mot universel est pris ici dans un sens restreint : la substance suprême est universelle, selon Leibniz, dans ce sens qu'elle est le fondement de toutes les existences, qu'elle suffit à expliquer tous les êtres, non dans le sens spinoziste, qu'elle serait l'étoffe pour ainsi dire, dont la pensée et l'étendue formeraient les deux faces diversement colorées. Il faut ajouter enfin, que Leibniz se montre extrêmement sévère pour Spinoza, ce qui n'est pas toujours une raison suffisante de distinguer deux systèmes, puisque Malebranche qui s'en rapproche encore davantage, use envers lui d'une sévérité qui va jusqu'à l'injure.

40.   Incapables d'être sans bornes. — C'est le développement de l'adage scolastique bonum habet causam efficientem, malum

autem deficientem. Que faut-il entendre par cette cause déficiente ? On le saura en rapprochant deux passages de Leibniz, l'un tiré de l'Origine radicale des choses, où il explique la nature des possibles, l'autre de la Théodicée où il montre que la réceptivité de la créature est nécessairement bornée : « Nous devons reconnaître que, par cela même qu'il existe quelque chose plutôt que rien, il y a dans les choses possibles, c'est-à-dire dans la possibilité même ou dans l'essence, un certain besoin d'existence et pour ainsi dire quelque prétention à l'existence, en un mot que l'essence tend par elle-même à l'existence. Il suit de là, que toutes les choses possibles, c'est-à-dire exprimant l'essence ou la réalité possible, tendent d'un droit égal à l'existence selon leur quantité d'essence réelle, ou selon le degré de perfection qu'elles renferment : car la perfection n'est rien autre chose que la quantité d'essence. » (Janet, t. II, p. 517.) Il résulte de là, que chaque créature a justement le degré de réalité ou de perfection qu'elle mérite : Dieu est innocent de ses imperfections, puisque ces imperfections des créatures dérivent de leur essence, et que Dieu ne crée pas les essences, mais seulement les existences. « Le courant est la cause du mouvement du bateau, mais non pas de son retardement. Dieu est la cause de la perfection dans la nature et dans les actions de la créature, mais la limitation de la réceptivité de la créature est la cause des défauts qu'il y a dans son action. » (Erdm., 512, b.) Si les bateaux les plus chargés restent en arrière, tandis que les plus légers vont en avant, comme c'est le même fleuve qui les entraîne, la même cause qui agit sur eux avec le même degré d'énergie, il faut que la réceptivité des premiers soit plus bornée que celle des autres, et le fleuve n'en peut mais, « Et Dieu est aussi peu la cause du péché que le courant de la rivière est la cause du retardement du bateau. La force aussi est à l'égard de la matière, comme l'esprit est à l'égard de la chair ; l'esprit est prompt et la chair est infirme, et les esprits agissent.

… Quantum non noxia corpora tardant. (ibid.)

41.   Ce qu'il y a de réel dans la possibilité. — On a vu dans la note précédente que ce qu'il y a de réel dans la possibilité c'est la tendance en vertu de laquelle les possibles aspirent à la réalité. Cette tendance est analogue à l'appétition des monades. Jusque-là tout s'explique aisément, mais il semble : 1° que cette demi-réalité des possibles n'est pas suffisamment définie. Peut-être faut-il entendre

qu'exister dans l'entendement divin c'est un premier degré de réalité qui s'achève quand la volonté divine prononce le fiat qui fait passer les essences à l'existence ; 2° qu'il y a contradiction entre ce texte et celui que nous avons emprunté à la Réfutation inédite. En effet, si Dieu est la région des possibles, s'il n'y a rien de réel, rien de possible en dehors de lui, comment se fait-il que Leibniz affirme que les possibles peuvent jusqu'à un certain point se concevoir sans lui, Essentiæ quodammodo sine Deo concipi possunt ? Est-ce simplement in abstracto ? Les textes auxquels nous renvoie Leibniz et que nous avons déjà cités pour la plupart, n'éclaircissent qu'insuffisamment la difficulté. Si le mot de l'énigme existe, on le trouvera dans le passage suivant : « Nous avons montré que cette source (du mal et de l'imperfection) se trouve dans les formes ou idées des possibles ; car elle doit être éternelle et la matière ne l'est pas. Or Dieu ayant fait toute réalité positive qui n'est pas éternelle, il aurait fait la source du mal, si elle ne consistait pas dans la possibilité des choses ou des formes, seule chose que Dieu n'a point faite puisqu'il n'est point auteur de son propre entendement. » (Théod., §380.). Mais alors, il y a un monde des idées supérieur à Dieu qui non seulement se conçoit sans lui, mais s'impose à lui et dont il dépend comme le Jupiter de la Fable est soumis « au Styx et au Destin » selon le mot de Descartes. C'est peut-être la plus grande difficulté du leibnizianisme : la source du mal que Leibniz ne veut pas mettre en Dieu afin de sauver l'optimisme, il la place au-dessus de Dieu. Pourquoi Dieu, par sa volonté, ne défend-il pas à son entendement de concevoir le mal, la limitation, l'imperfection afin de l'empêcher ainsi de passer dans la réalité des choses puisqu'il est bien entendu que la réalité des essences qui les fait influer sur les existences est de Dieu, a Dea est ? Sa volonté est également impuissante à créer son entendement et à le limiter : c'est la fatalité, assise sur le trône de l'univers. Le bien vient de Dieu, mais le mal a une source plus haute et il s'impose à Dieu. Comme au-dessus de l'entendement divin il n'y a pas d'entendement, le mal vient de l'Inconscient et s'impose à Dieu avant de s'imposer au monde et à l'homme. Le vrai Dieu serait donc l'Inconscient et Dieu lui-même ne serait que son prophète.

42.   L'Essence renferme l'existence. — Leibniz, dans sa deuxième lettre à Bourguet, revient encore sur cette assertion

essentielle que « l'idée des possibles ne suppose point l'existence même de Dieu » et il ajoute : « généralement pour qu'un être soit possible il suffit que sa cause efficiente soit possible ; j'excepte la cause efficiente suprême qui doit exister effectivement. « Dépouillé de sa tendance ou prétention à l'existence, le possible s'explique donc suffisamment par une cause idéale : la cause réelle et effective n'intervient que pour expliquer cette tendance, mais elle intervient nécessairement. Il ne faut pas dire que les possibles, antérieurement à cette tendance, expriment l'essence même de Dieu ; c'est plutôt cette essence de l'entendement divin qui exprime ou symbolise les possibles. Les possibles de l'entendement divin sont coéternels, essentiæ rerum sunt Deo coæternæ. L'empreinte d'une main sur le sable, si elle était éternelle, n'exigerait pas moins logiquement que la main lui fût antérieure : l'empreinte, c'est ici l'entendement divin ; la main, c'est l'ensemble des possibles. Connaître, même pour Dieu, c'est limiter et conditionner. À son tour notre intelligence trouve de nouvelles limites et conditions dans l'entendement divin. « Un athée peut être géomètre. Mais s'il n'y avait point de Dieu, il n'y aurait point « l'objet de la géométrie. » (Théod., § 184.) On trouvera dans l'opuscule intitulé De la Démonstration cartésienne de l'existence de Dieu, du R. P. Lami, le dernier mot de Leibniz sur cette preuve célèbre : « On pourrait encore faire à ce sujet une proposition modale qui serait un des meilleurs fruits de toute la logique ; savoir que si l'être nécessaire est possible, il existe. Car l'être nécessaire et l'être par son essence ne sont qu'une seule et même chose….. On la pourrait énoncer ainsi : si l'être nécessaire n'est point, il n'y a point d'être possible. Il semble que cette démonstration n'avait pas été portée si loin jusqu'ici. » (Erdm., 177, b.) Leibniz prouve la possibilité de l'être parfait en disant que son essence, toute positive, ne saurait envelopper de contradiction, ce qui est, au fond, revenir à une autre définition du possible et passer d'une possibilité logique à une possibilité ontologique. Telle est la forme que prend chez lui le paralogisme transcendantal. Sans Dieu rien ne serait possible (ontologiquement), mais sans l'antériorité de ce qui est possible (logiquement) l'entendement divin n'existerait pas ni par conséquent la volonté divine qui en dépend : voilà à quoi aboutit ce prodigieux effort d'analyse.

43.   A posteriori. — L'expérience ne nous donne les êtres que

comme contingents et ne nous fait jamais apercevoir leur raison d'être ; l'expérience stimule donc l'intelligence à remonter de raison en raison jusqu'à la raison qui est en même temps la cause suprême. Cette preuve est inutile chez Leibniz et tout à fait surérogatoire, puisque l'existence n'est qu'un cas particulier de la possibilité et que la possibilité enveloppe déjà la réalité. Il n'y a donc dans le système de Leibniz comme dans tout système métaphysique bien lié et fortement conçu, qu'une seule et unique preuve de l'existence de Dieu, et cette preuve est celle de saint Anselme et de Descartes perfectionnée. Kant contestera la légitimité du passage opéré par Leibniz du possible idéal au possible réel, de l'idée à l'être. On sait que de nos jours M. Vacherot, allant plus loin encore, essayera de prouver que la réalité et la perfection au lieu de s'impliquer s'excluent. Ni l'un ni l'autre ne seront sceptiques pour cela, mais Kant professait un dogmatisme moral et M. Vacherot est partisan d'un dogmatisme idéal. Descartes avait peut-être entrevu ces deux solutions ainsi, que l'égoïsme métaphysique de Fichte et l'idéalisme absolu de Hégel, quand il écrivait au père Mersenne : « On ne peut dire sans blasphème que la vérité de quelque chose précède la connaissance que Dieu en a, car en Dieu ce n'est qu'un de vouloir et de connaître. » Selon Leibniz ces deux actes sont totalement distincts, de là ce labyrinthe où il nous égare avec lui.

44.   Dépendent de sa volonté. — « Les vérités éternelles, écrit Descartes au père Mersenne, ont été établies de Dieu et en dépendent entièrement, aussi bien que tout le reste des créatures ; c'est en effet parler de Dieu comme d'un Jupiter ou d'un Saturne, et l'assujettir au Styx et aux Destinées que de dire que ces vérités sont indépendantes de lui. Ne craignez donc point, je vous prie, d'assurer et de publier partout que c'est Dieu qui a établi ces lois en la nature ainsi qu'un roi établit les lois en son royaume… On vous dira que si Dieu avait établi ces vérités, il les pourrait changer comme un roi fait ses lois ; à quoi il faut répondre que oui, si sa volonté peut changer. — Mais je les comprends comme éternelles et immuables. — Et moi je juge de même de Dieu. — Mais sa volonté est libre. — Oui, mais sa puissance est incompréhensible ; et, généralement nous pouvons bien assurer que Dieu peut faire tout ce que nous pouvons comprendre, mais non pas qu'il ne peut faire ce que nous ne pouvons pas comprendre ; car ce serait témérité de

penser que notre imagination a autant d'étendue que sa puissance. » (Éd. Garnier, t. IV, p. 303.) On voit que les deux doctrines ne s'opposent pas aussi complètement qu'on l'affirme presque toujours ; toute l'essence dépend, selon Descartes, de la volonté divine ; selon Leibniz, ce n'est qu'une partie de l'essence ou possibilité, à savoir, la tendance ou prétention à l'être qui dépend de la volonté de Dieu. Dieu crée l'essence selon Descartes ; selon Leibniz Dieu la subit logiquement mais en même temps il lui donne tout ce qui fait sa réalité. Hors de lui elle est vide et impuissante ; en lui elle trouve sa perfection et sa raison d'être. D'ailleurs Descartes sur ce point est extrêmement affirmatif et déclare « qu'il était libre et indifférent à Dieu de faire qu'il ne fût pas vrai que les trois angles d'un triangle fussent égaux à deux droits. » Leibniz est fidèle à l'esprit thomiste, Descartes à l'esprit scotiste, et les deux doctrines avaient soulevé déjà de nombreuses disputes pendant le règne de la scolastique.

La convenance ou le choix du meilleur. — Le principe du mieux se rencontre pour la première fois dans Socrate. Qu'on lise dans le Phédon le récit de l'éducation philosophique de Socrate ; on y verra qu'il fut d'abord séduit par la doctrine d'Anaxagore proclamant que c'est l'intelligence qui a tout ordonné. Mais selon quelle règle ? Socrate nous apprend qu'il fut profondément déçu en ne trouvant après l'énonciation de cet admirable principe que des explications purement physiques. C'est comme si on expliquait la présence de Socrate en sa prison par les nerfs, les muscles, les os qui constituent le corps de Socrate. Cette explication est vraie mais radicalement insuffisante. » Il y a longtemps que ces nerfs, ces muscles et ces os seraient en Thessalie ou ailleurs, où Socrate si j'avais profité du conseil et des secours que m'offrait Criton et si je m'étais évadé de ma prison. Mais j'ai cru qu'il valait mieux que je restasse

où m'avaient enchaîné les lois. » C'est donc le principe du mieux qui guide et domine l'intelligence elle-même. Il ne faut pas se contenter de dire que l'intelligence a tout ordonné : elle a tout ordonné en vue du mieux. Tel est l'optimisme socratique.

45. Fulgurations continuelles de la Divinité. — Leibniz veut éviter le mot émanation suspect de panthéisme et même le mot création sans doute parce qu'il ne crée pas les possibles, il ne fait que leur accorder l'existence à laquelle d'eux-mêmes ils tendent. Tel apparaît subitement le dessin formé par les fragments

métalliques conducteurs, quand l'étincelle jaillit en même temps
à toutes les solutions de continuité. Dieu ne fait que prêter
assistance aux possibles dans la mesure de leur tendance à l'être
ou de leur perfection relative, en un mot de leur réceptivité. Il n'y
a pas émanation parce que l'éclair qui traverse et illumine la nuit
des possibles est instantané et indéfiniment répété. Ne cherchons
pas d'ailleurs dans une métaphore si belle qu'elle soit le secret de
l'existence des choses. Dans l'opuscule intitulé De l'Origine radicale
des choses, Leibniz, après avoir admirablement développé la
preuve dite a contingentia mundi, essaye d'approfondir le mystère
de la création ou participation, (ce dernier mot, emprunté à Platon,
pouvait s'appliquer à la relation des possibles réalisés à Dieu qui les
réalise). « Nous avons donc ainsi la dernière raison de la réalité tant
des essences que des existences dans un être unique qui doit être, de
toute nécessité, plus grand, plus élevé et plus ancien que le monde
même, puisque c'est de lui que tirent leur réalité non seulement les
existences que ce monde renferme, mais les possibles eux-mêmes.
Et cette raison des choses ne peut se chercher que dans une seule
source, à cause de la connexité qu'elles ont toutes entre elles. Or, il
est évident que c'est de cette source qu'émanent continuellement
(continue permanare) toutes les choses existantes, qu'elles en sont
et en ont été les productions (produci productasque esse), car on
ne comprend pas comment tel état du monde plutôt que tel autre,
l'état d'aujourd'hui plutôt que celui de demain viendrait du monde
lui-même. On voit avec la même évidence comment Dieu agit
physiquement et librement (physice sed et libere), comment en lui
est la cause efficiente et finale des choses, et comment il manifeste
non seulement sa grandeur et sa puissance dans la construction
de la machine du monde, mais encore sa sagesse et sa grandeur
dans le plan de la création… Ainsi le monde n'est pas seulement
la machine la plus admirable, mais, en tant qu'elle est composée
d'âmes, c'est aussi la meilleure république, où il est pourvu à toute
la félicité ou à toute la joie possible qui constitua leur perfection
physique. » (Ed. Janet, p. 650.) — On peut rapprocher de ces trois
métaphores, fulguration, émanation, production, une métaphore
de mathématicien des plus hardies selon laquelle le monde est le
calcul ou la pensée de Dieu (Cum Deus calculat et cogitationem
exercet fit mundus. («Erdm., 77. a.) Leibniz (Théod., §398) cite

avec éloge un texte de Malebranche d'après lequel Dieu ne peut remuer et arranger la matière sans la connaître ni la connaître sans la créer.

46.	Le sujet ou la base. — La monade est essentiellement une force, une énergie en soi. La puissance de Dieu est cette force ou cette énergie à l'état éminent. Dieu n'en est pas moins acte pur et l'on voit que Leibniz est absolument infidèle à la langue péripatéticienne en appelant cet acte une puissance. Il y a plutôt un souvenir de la doctrine chrétienne qui met en Dieu la toute-puissance. On remarquera aisément l'analogie de la trinité psychique et divine analysée ici par Leibniz avec la trinité chrétienne et alexandrine. La puissance qui contient la source de tout, c'est l'un des alexandrins (le Bien de Platon considéré abstraitement) ; la Connaissance, c'est la Pensée des alexandrins (la pensée de la pensée du péripatétisme) ; la volonté, c'est l'âme ou la Vie des alexandrins (l'âme du monde des stoïciens). Il n'y a plus d'hypostases, le mot d'émanation est généralement banni, mais la doctrine est reconnaissable et l'éclectisme de Leibniz a plus d'analogies qu'on ne croit communément avec l'éclectisme de Plotin.

Absolument infinis ou parfaits. — Selon Spinoza Dieu possède « une infinité d'attributs infinis » dont deux seulement, l'étendue et la pensée, nous sont connus.

La Volonté fait les changements ou productions. — C'est ici proprement que la doctrine de Leibniz se sépare entièrement du panthéisme alexandrin et spinoziste. « Spinoza paraît avoir enseigné expressément une nécessité aveugle ayant refusé l'Entendement de la Volonté à l'auteur des choses et s'imaginant que le bien et la perfection n'ont rapport qu'à nous et non pas à lui. Il est vrai que le sentiment de Spinoza sur ce sujet a quelque chose d'obscur, car il donne la pensée à Dieu après lui avoir ôté l'entendement, cogitationem non intellectum concedit Deo. Il y a même des endroits où il se radoucit sur le point de la nécessité. Cependant, autant qu'on le peut comprendre, il ne reconnaît point de bonté en Dieu, à proprement parler, et il enseigne que toutes les choses existent par la nécessite de la nature divine, sans que Dieu fasse aucun choix. Nous ne nous amuserons pas ici à réfuter un sentiment si mauvais et même si inexplicable. » (Théod., §173.)

— Enfin, au §150, Leibniz signale lui-même les rapports de son analyse des trois perfections ou primordialités de Dieu, comme les appelait Campanella, avec les trois personnes de la trinité chrétienne.

47.   Revenir plus haut en :a et b Agir et pâtir. — Pour Spinoza les passions sont des pensées inadéquates. Malebranche n'admet aucune action de la créature : elle n'agit pas, elle est agie. La théorie de Leibniz est celle de Spinoza : « Il est vrai que Dieu est le seul dont l'action est pure et sans mélange de ce qu'on appelle pâtir ; mais cela n'empêche pas que la créature n'ait part aux actions aussi, puisque l'action de la créature est une modification de la substance qui en coule naturellement, et qui renferme une variation non seulement dans la perfection que Dieu a communiquée à la créature, mais encore dans les limitations qu'elle y apporte d'elle-même pour être ce qu'elle est. » (Théod., §32.) On sait que l'action de l'âme sur le corps est tout idéale. « C'est proprement par ses pensées confuses que l'âme représente les corps qui l'environnent. » (66.) Ses pensées confuses sont donc l'état passif de l'âme. Elle est censée agir sur les corps « à mesure de sa perfection, quoique ce ne soit qu'idéalement et dans les raisons des choses. » (Ibid.)

48.   Influence idéale… par l'intervention de Dieu. — On voit que Leibniz qui empruntait tout à l'heure à Spinoza la théorie de l'action et de la passion se rapproche ici de Malebranche et explique l'action, même purement idéale, par l'intervention de Dieu. En effet, la réalité des possibles, ou leur influence sur les existences, on s'en souvient, a sa source en Dieu. Leur perfection étant littéralement leur quantité d'essence, cette action est antérieure à leur existence même et par conséquent éternelle et tout idéale : « Chaque chose a contribué idéalement avant son existence à la résolution qui a été prise sur l'existence de toutes les choses » (Théod., §9), et c'est pourquoi elle ne reçoit pas seulement passivement l'impression de l'univers « qui est tout d'une pièce comme un Océan », mais elle agit sur tout l'univers « en demandant avec raison que Dieu en réglant les choses dès le commencement des choses ait égard à elle. » Donc, « en prenant les choses à la rigueur, il faut dire que l'âme a en elle le principe de toutes ses actions et de toutes ses passions. » (Ibid., §65.) Mais il est permis de s'exprimer comme font les astronomes au regard du mouvement qu'ils attribuent

au soleil quand ils parlent comme le vulgaire, bien qu'ils sachent que le soleil ne se lève ni ne se couche. En quoi donc l'harmonie préétablie diffère-t-elle de la théorie des causes occasionnelles ? Exactement dans la mesure où les possibles diffèrent des réalités, l'entendement divin de la volonté divine : l'harmonie est éternelle et incréée selon Leibniz ; selon Malebranche elle est créée à chaque instant. Dieu, selon Leibniz, par les fulgurations qui produisent les êtres la rend visible, mais elle était préexistante ; Dieu, selon Malebranche, lui donne tout à la fois par sa volonté libre et pour sa propre gloire sa réalité et ses manifestations phénoménales. Le Dieu de Leibniz est plutôt l'harmonie des choses (Deus sive harmonia rerum) ; le Dieu de Malebranche est plutôt la cause de cette harmonie. Rigoureusement parlant, Leibniz a-t-il le droit de dire que l'harmonie des monades est préétablie ? Non, si l'on donne à ce mot son sens actif ; oui, si l'on entend simplement par là qu'elle existait dans les essences antérieurement à leur passage à l'existence. Mais alors Dieu ne l'a pas préétablie, puisqu'il l'a trouvée toute établie au cœur des possibles ; il n'en est la cause que dans la mesure où il est la cause de la tendance ou des aspirations à l'être qui se trouvent dans les possibles et qui en réalité viennent de lui. Sans lui le monde des possibles est un océan immobile et glacé ; il parle et l'écho des mondes emplit l'immensité. L'harmonie est préétablie dans la partition gravée : Dieu n'est que le musicien ou plutôt le chef d'orchestre qui la fait sortir de la région du silence et de l'immobilité. Il reste pourtant cette différence que chez Malebranche les musiciens ne sont que des automates, que des instruments, ou, si l'on veut, que des tuyaux d'orgue, tandis que chez Leibniz ils sont doués de spontanéité : ce sont les nombres sonores dont parlait Pythagore. Il semble que Leibniz se rapproche autant qu'il est possible de Malebranche dans le passage suivant : « Sénèque dit quelque part que Dieu n'a commandé qu'une fois, parce qu'il obéit aux lois qu'il a voulu se prescrire : semel jussit, semper paret. Mais il aurait mieux dit que Dieu commande toujours et qu'il est toujours obéi… Comme sa volonté est toujours la même, on ne peut point dire qu'il n'obéit qu'à celle qu'il avait autrefois. » (Abrégé de la Controverse, Erdm., p. 628, b.)

49.   Les actions et les passions sont mutuelles. — C'est ce qui fait l'unité de l'univers : « J'appelle monde toute la suite et toute

la collection de toutes les choses existantes, afin qu'on ne dise point que plusieurs mondes pouvaient exister en différents temps et en différents lieux : car il faudrait les compter tous ensemble pour un monde, ou, si vous voulez, pour un univers. » (Théod., §8.) Aristote avait dit déjà que le monde ne pouvait être formé d'épisodes décousus, comme une mauvaise tragédie.

50. Il y a une infinité d'univers possibles... et il n'en peut exister qu'un seul. — Parce qu'il faut distinguer avec soin les possibles et les compossibles. Un univers possible est un ensemble d'êtres simultanément possibles. Les êtres qui s'excluent réciproquement ne sauraient faire partie du même univers, mais ils pourraient être réalisés dans des univers différents : un Tarquin vertueux est incompatible avec l'univers actuel, mais Tarquin eût pu être vertueux si Dieu avait fait choix d'un autre univers. Pourquoi n'a-t-il pas choisi cet autre univers pour le réaliser ? parce que, meilleur dans un détail particulier, il eût été plus mauvais dans l'ensemble. Dans le mythe qui termine la Théodicée, Minerve (c'est-à-dire la pensée ou la sagesse de Dieu) explique ce choix à Théodore, le prêtre de Jupiter (la puissance de Dieu) : « Les appartements allaient en pyramide ; ils devenaient toujours plus beaux, à mesure qu'on moulait vers la pointe, et ils représentaient de plus beaux mondes. Ou était, enfin, dans le suprême qui terminait la pyramide et qui était le plus beau de tous ; car la pyramide avait un commencement, mais on n'en voyait point la fin ; elle avait une pointe, mais point de base ; elle allait croissant à l'infini. » Cette pyramide, que Théodore voit en songe, c'est l'ensemble des mondes possibles : il y en a une infinité ; un d'entre eux est le meilleur de tous, et voilà pourquoi la pyramide a un sommet ; mais elle n'a point de base, car il n'y a pas de monde si imparfait qu'on n'en puisse concevoir un plus imparfait encore ; les degrés du néant, pour ainsi dire, sont infinis ; le néant seul est inintelligible et irréalisable ; la pensée du néant serait un néant de pensée. Dans chacun de ces mondes, Théodore découvre un Sextus, et tous ces Sextus valent mieux que le Sextus réel : néanmoins, comme notre monde est au sommet, il fallait bien que Dion le choisit. En lui seulement, il trouvait une raison suffisante de son choix. Il veut donc antécédemment le bien et ne réalise que conséquemment le mal. « Si Jupiter avait pris ici un Sextus heureux à Corinthe ou roi en Thrace, ce ne serait plus ce

monde. Et cependant, il ne pouvait manquer de choisir ce monde, qui surpasse en perfection tous les autres, qui fait la pointe de la pyramide : autrement Jupiter aurait renoncé à sa sagesse, il m'aurait bannie, moi qui suis sa fille ! Vous voyez que mon père n'a point fait Sextus méchant ; il l'était de toute éternité, il l'était toujours librement : il n'a fait que lui accorder l'existence que sa sagesse ne pouvait refuser au monde où il est compris : il l'a fait passer de la région des possibles à celle des Êtres actuels.

51.   La convenance. — Leibniz distingue la nécessité morale ou de convenance de la nécessité physique et métaphysique : « Ceux qui reconnaissent que Dieu produit le meilleur plan, qu'il a choisi entre toutes les idées possibles de l'univers ; qu'il y trouve l'homme porté par l'imperfection originale des créatures à abuser de son libre arbitre et à se plonger dans la misère ; que Dieu empêche le péché et la misère, autant que la perfection de l'univers, qui est un écoulement de la sienne, le peut permettre, ceux-là, dis-je, font voir plus distinctement que l'intention de Dieu est la plus droite et la plus sainte du monde, que la créature seule est coupable, que sa limitation ou imperfection est la source de sa malice, que sa mauvaise volonté est la seule cause de sa misère... » Il y a d'autres philosophes qui se trompent parce qu'ils abusent des termes. Ils confondent la nécessité morale avec la nécessité métaphysique : ils s'imaginent que Dieu ne pouvant point manquer de faire le mieux, cela lui ôte la liberté... » (Théod., § 167-168.)

52.   La cause de l'existence du meilleur. — Tout l'optimisme de Leibniz est contenu dans cet important paragraphe. Il est essentiellement, a priori, fondé non sur l'observation des faits (qu'on essayera ensuite de concilier, tant bien que mal avec l'optimisme), mais sur la sagesse (connaissance), la bonté (choix) et la puissance (réalisation) de Dieu. Au fond, toute doctrine optimiste ou pessimiste est nécessairement a priori : 1° parce que l'expérience individuelle ou même collective, mille fois interrogée, n'a donné et ne peut donner que des conclusions contradictoires ; 2° parce que nos idées a priori sont le nerf caché, non seulement de nos jugements et de nos raisonnements théoriques, mais encore de nos jugements et de nos raisonnements en matière de pratique. En effet, selon l'idée que vous vous faites de Dieu (génie malin ou bienfaisant), vos plaisirs et vos douleurs changent d'aspect et presque

de nature : ainsi la mort sera le plus grand et le plus redoutable des maux, ou une délivrance. Nos plaisirs et nos douleurs sont humains : en d'autres termes, les idées qui les accompagnent leur donnent le timbre comme les harmoniques en se joignant à la note principale ; c'est ainsi que M. de Hartmann, plus fidèle qu'il ne croit, même dans ses exagérations sophistiques, à la tradition leibnizienne altère complètement le bilan des biens et des maux et en falsifie le total en humanisant les seconds et en animalisant les premiers. Supprimez toute idée métaphysique, la mort devient moins redoutable (chez l'animal, elle se réduit à la douleur physique qui peut même être nulle) ; supprimez, toute idée esthétique et morale (c'est-à-dire encore métaphysique), l'amour n'est plus que l'instinct sexuel, et c'est précisément cet instinct que M. de Hartmann analyse sous le nom d'amour. Tel est le vice radical du pessimisme au point de vue théorique : il ne saurait trouver une base solide hors de l'expérience, et l'expérience lui conteste éternellement sa légitimité ; il a recours, sans l'avouer, à une métaphysique immanente (si l'on peut parler ainsi) qui est en contradiction avec ses principes et qui fausse toutes ses observations. Bref, le pessimiste comme l'optimiste fait de la métaphysique, mais l'optimiste essaye de concilier les faits (en les altérant parfois) avec les conceptions de sa raison ; le pessimiste, au contraire, modèle sur l'expérience les conceptions de sa raison, et, manquant de règle et de mesure fixes pour juger l'expérience, il l'altère par impuissance de la comprendre. Le pessimiste est un géomètre qui mesure des figures empiriquement au lieu de démontrer rigoureusement des théorèmes qui s'imposent a priori à toute figure empirique. L'optimiste transfigure et divinise la douleur ; le pessimiste parodie et animalise le bonheur.

53.   Miroir vivant, perpétuel de l'univers. — Nous avons vu que chaque monade est un microcosme, un univers en raccourci : « C'est comme dans ces inventions de perspective, où certains dessins ne paraissent que confusément jusqu'à ce qu'on les rapporte à leur vrai point de vue, ou qu'on les regarde par le moyen d'un certain verre ou miroir. C'est en les plaçant et s'en servant comme il faut qu'on les fait devenir l'ornement d'un cabinet. Ainsi les difformités apparentes de nos petits mondes se réunissent en beautés dans le grand, et n'ont rien qui s'oppose à l'unité d'un principe universel infiniment parfait : au contraire, ils augmentent l'admiration de sa

sagesse, qui fait servir le mal au plus grand bien. » (Théod., §117.)

54.   Autant de perfection qu'il se peut. — C'est sur ce point que l'optimisme de Leibniz diffère de celui de Malebranche avec lequel il offre d'ailleurs tant et de si profondes analogies. Malebranche insiste surtout sur la variété et l'ordre qui règnent dans le monde et qui font à Dieu la plus grande gloire. Mais il abuse de ce principe que Dieu, en créant le monde, ne peut avoir en vue que sa propre gloire. Un monde plus parfait, mais réalisé par des moyens plus compliqués, gouverné par des lois moins simples et moins fécondes serait peut-être meilleur en soi, mais procurerait moins de gloire à son architecte et à son créateur. Tel est le principe de la simplicité des voies, en vertu duquel Malebranche sacrifie la bonté intrinsèque du monde à je ne sais quelle régularité métaphysique. Il faut avant tout que « ce magnifique palais des idées », comme dit Arnauld, soit d'une architecture simple et majestueuse : Dieu se ferait tort à lui-même s'il y introduisait le moindre perfectionnement qui altérât la simplicité de son ordonnance, et en compliquât la construction. Il semble que le monde soit un tour de force, une réussite : il ressemble à ces peintures et à ces dessins dont on dit qu'ils sont faits de rien et qui révèlent le grand artiste beaucoup mieux souvent qu'un tableau savant et compliqué, des effets obtenus par toutes sortes de procédés qui révèlent le métier bien plus que l'art véritable.

55.   Hypothèse qui relève comme il faut la grandeur de Dieu. — Voici le jugement de Bayle dont Leibniz aime tant à se prévaloir : « Ma première remarque sera qu'il élève au-dessus de tout ce qu'on peut concevoir, la puissance et l'intelligence de l'art divin. Figurez-vous un vaisseau qui, sans avoir aucun sentiment ni aucune connaissance, et sans être dirigé par aucun être ou créé ou incréé, ait la vertu de se mouvoir de lui-même si à propos qu'il ait toujours le vent favorable, qu'il évite les courants et les écueils, qu'il jette l'ancre où il faut, qu'il se relire dans un havre précisément lorsque cela est nécessaire ; supposez qu'un tel vaisseau vogue de cette façon plusieurs années de suite, toujours tourné et situé comme il le faut être eu égard aux changements de l'air, et aux différentes situations des mers et des terres, vous conviendrez que l'infinité de Dieu n'est pas trop grande pour communiquer à un vaisseau une telle faculté, et vous direz même que la nature du vaisseau n'est

pas capable de recevoir de Dieu cette vertu-là. Cependant, ce que Leibniz suppose de la machine du corps humain est plus admirable et plus surprenant que tout ceci. » N'y aurait-il pas dans ce passage une nuance d'ironie qui aurait échappé à la clairvoyance de Leibniz, mise en défaut par l'amour-propre d'auteur et d'inventeur d'un système et d'une hypothèse « qu'il ose dire démontrée ? » On est tenté de le croire. On rapproche volontiers de ce passage, finement ironique, une réflexion piquante de Leibniz lui-même : « La vérité est qu'on aime à s'égarer, et que c'est une espèce de promenade de l'esprit… Il semble que nous sommes si accoutumés au jeu et au badinage, que nous nous jouons jusque dans les occupations les plus sérieuses, et quand nous y pensons le moins. » (Théod., §50.) Avons-nous besoin d'ajouter que l'indignation de Leibniz eût été nu comble, si l'on avait eu l'impertinence d'appliquer à ses propres hypothèses, ces réflexions qu'il trouve fort naturelles quand il les applique lui-même aux hypothèses d'autrui ?

56.　　　Elles vont toutes confusément à l'infini. — Elles représentent tout l'univers, et l'embrassent, dans son infinité, par leurs pensées confuses ; elles composent une hiérarchie où la règle de l'analogie est toujours, et partout, observée. La monade la plus simple exprime l'univers, tout comme la monade humaine et la monade divine : c'est un infini en puissance. Toutes les monades sont en marche vers l'infini. L'univers tout entier se rapproche ainsi sans cesse de l'infini et du parfait, que pourtant il n'atteindra jamais. C'est en cela que consiste l'optimum, non dans un état passager, transitoire, essentiellement imparfait. L'optimum, le meilleur des mondes, c'est la somme d'une série indéfinie, dont les différents états de l'univers progressif forment les différents termes. Supposez le monde le plus parfait que vous voudrez, s'il est stable et permanent dans cette perfection relative, ce n'est pas le meilleur des mondes. En effet, les premiers termes de la série des progrès successifs ne sont pas des quantités négligeables : ils entrent pour quelque chose dans le total. Éliminez-les sous prétexte de rendre le monde plus parfait, et vous le rendez effectivement moins parfait, en diminuant la somme des termes de la série. On pourrait donner une forme concrète et grossière à cette théorie, en disant qu'il y plus de réalité dans l'œuf que dans la poule, car il y a la poule qui doit en sortir avec une partie de la substance de l'œuf en plus.

De même le chêne enveloppe tous les chênes issus de lui, mais le gland dont il est sorti l'enveloppait lui-même, et enveloppait avec lui la même série de chênes et de forêts. Voilà pourquoi les monades les plus humbles sont aussi nécessaires à la perfection du monde, que les plus parfaites. On peut encore raisonner d'une autre manière : supprimer une de ces monades inférieures, c'est supprimer le monde lui-même, en tant que représenté dans cette monade. Or, ces représentations constituent une multiplication indéfinie de l'univers, et si, par hypothèse, vous supprimez toutes ces représentations, l'univers tout entier serait relégué dans le monde des possibles, dont la création des monades l'a fait sortir. Il n'est donc pas moins intéressé à la conservation d'une seule monade, fût-elle la plus humble de toutes, que la monade isolée n'est intéressée à la conservation du monde : Toutes pour une, et une pour toutes, c'est la formule des monades.

57.   Les composés symbolisent en cela avec les simples. — La note précédente explique le sens de cet accord, de cette conformité, de cette ressemblance et de cette correspondance. Les composés sont les phénomènes : eux aussi expriment à leur manière l'accord des monades, et manifestent leur harmonie. C'est en se plaçant au point de vue purement scientifique, en parlant, par conséquent, des aggrégats ou phénomènes, que Pascal a dit : « Toutes choses étant causées et causantes, aidées et aidantes, médiates et immédiates, et toutes s'entre-tenant par un lien naturel et insensible, qui lie les plus éloignées et les plus différentes, je tiens impossible de connaître les parties sans connaître le tout, non plus que de connaître le tout, sans connaître particulièrement les parties. » (Ed. Havet, t. Ier, p. 7.)

Σύμπνοια πάντα — Citation chère à Leibniz, que l'on trouve aussi dans l'Avant-propos des Nouv. Ess. Leibniz en élargit le sens ; car, dans Hippocrate, il ne s'agit que du corps humain, où, comme traduit Leibniz, « tout est conspirant », et l'on sait qu'en se fondant sur ce passage du Traité de l'Aliment, on a voulu quelquefois trouver, dans Hippocrate, la circulation du sang. Voici le passage entier dans la traduction latine de Foës : Confluxio una, conspiratio una, consentientia omnia. Ad universam quidem totius naturam, amnia ; ad particularem vero partis cujusque particulæ ad opus. Principium magnum ad extremam partem pervenit, ex parte extrema ad magnum principium pervenit. Una natura, esse et non esse. (De Alim., cap. I.)

58.　　Elle représente plus distinctement le corps qui lui est affecté particulièrement, — Leibniz pousse le principe de cette représentation aussi loin que possible ; c'est ainsi, qu'il dit que les mouvements de la lymphe doivent être représentés dans l'âme. Il ne voudrait pas même affirmer sans réserve que la douleur d'une piqûre ne ressemble pas à la pointe de l'aiguille qui pénètre dans les chairs ; ce serait contraire au caractère de l'âme représentative du corps. « Il est vrai que la douleur ne ressemble pas aux mouvements d'une épingle, mais elle peut ressembler fort bien aux mouvements que cette épingle cause dans notre corps, et représenter ces mouvements dans l'âme, comme je ne doute nullement qu'elle ne fasse. C'est aussi pour cela, que nous disons que la douleur est dans notre corps, et non pas dans l'épingle. » (Nouv. Ess., liv. II, ch. X.)

Ce corps lui appartient d'une manière particulière. — Non qu'elle le meuve ou qu'elle le crée ; mais en vertu d'une perfection plus grande, qui lui subordonne les monades moins parfaites qu'elle. Cependant la coexistence de l'âme, avec un corps organisé, est un fait nécessaire ; elle ne se dépouille jamais entièrement du corps qu'elle exprime, mais ce corps, c'est le Vaisseau de Thésée, c'est l'habit d'Arlequin, il s'en va en pièces et se renouvelle constamment, il est sien, il n'est pas elle : « Neque adeo certi sumus vel minimam materiæ in nativitate a nobis acceptæ particulam in corpore nostro superesse, licet etiam cadem machina subinde plane fransformetur, augeatur, diminuatur, involvatur aut evolvatur. Itaque non tantum anima est perennis sed etiam aliquod animal semper superest, et si certum aliquod animal perenne dici non debeat, quia species animalis non manet ; quemadmodum cruca et papilio idem animal non est, etsi eadem sit anima in utroque. Habet igitur hoc omnis naturæ machina, ut nunquam sit plane destruibilis, cum crasso Argumento utcunque dissipato, semper machinula nondum destructa subsit, instar vestium Arlequini comici, cui post mullas tunicas exutas, semper adhuc nova supererat. » (Epist. ad Wagnerum, Erdm., 466, b.)

59.　　Un vivant… un animal. — La classe des vivants comprend le règne animal et le règne végétal. On a vu, §19, la différence que Leibniz établit entre l'entéléchie et l'âme. Le corps d'un vivant et d'un animal est toujours organique, jamais simplement mécanique, et ce corps est proprement le point de vue de l'âme. « L'opération des automates spirituels, c'est-à-dire des âmes, n'est point mécanique ; mais elle contient éminemment ce qu'il y a de beau dans la mécanique ; les mouvements, développés dans les corps, y sont concentrés par la représentation, comme dans un monde idéal qui exprime les lois du monde actuel et leurs suites ; avec cette différence, du monde idéal parfait qui est en Dieu, que la plupart des perceptions, dans les autres, ne sont que confuses. » (Théod., §403.) Que l'on suppose une sphère creuse sur la surface convexe de laquelle soient tracées une multitude de figures ; diminuez son rayon de moitié, les mêmes figures subsisteront, niais réduites, plus petites, parlant, plus confuses ; diminuez encore le nouveau rayon de moitié, et continuez ainsi jusqu'à ce que vous vous soyez rapproché le plus possible du point géométrique. Cette sphère infinitésimale, à laquelle vous aboutissez, c'est l'image de l'entéléchie ou de l'âme ; les figures primitivement tracées sur la grande sphère sont l'image des mouvements mécaniques qui s'accomplissent dans le corps. On voit que ces mouvements, et tout ce qu'ils ont de beau, existent éminemment dans le point vivant, l'entéléchie, l'âme. Par la réflexion, ce point vivant en pourrait prendre connaissance dans sa propre substance ; mais il aime mieux les projeter, pour ainsi dire, et se les représenter comme sur un écran où ils sont agrandis et paraissent moins confus.

60.   Machine dans chacune de ses parties. — Chaque partie d'un vivant est un vivant. Le corps, dit la science moderne confirmant en cela les vues de Leibniz, le corps est une colonie de cellules. On pourrait ajouter qu'il est aussi, puisque ces cellules sont vivantes et peuvent être regardées comme de vraies entéléchies, une hiérarchie de consciences plus ou moins obscures, d'esprits momentanés. Partout où il y a mouvement, il y a esprit : Nihil enim movet nisi moveatur excepta mente. (Lett. à Guericke, éd. Gerhardt. I. p. 98.) La spontanéité (ou l'automatisme) est donc le privilège exclusif de l'esprit. On peut substituer au mot Dieu le mot âme, dans cette phrase curieuse : Hic admirari licet praxin Dei in œconomia rerum geometrisantis. » (Gerhardt, 3e vol., 216.) Mais il faut se souvenir que mécanique est, en effet, géométrie pour l'âme, et qu'en dernière analyse son action n'est qu'idéale.

La différence entre la nature et l'art. — La nature agit dynamiquement, c'est-à-dire dans l'intérieur des êtres ; l'art ne peut agir que mécaniquement, c'est-à-dire à l'extérieur, puisque les monades sont impénétrables. Les paragraphes de la Théodicée auxquels Leibniz nous renvoie, développent uniformément cette idée que l'art divin est impénétrable, qu'il ne faut pas juger de son œuvre sur un fragment isolé. « Vous ne connaissez le monde que depuis trois jours, vous n'y voyez guère plus loin que votre nez, et vous y trouvez à redire. Attendez à le connaître davantage, et y considérez surtout les parties qui présentent un tout complet (comme font les corps organiques) ; et vous y trouverez un artifice et une beauté qui va au delà de l'imagination » (§191.) « Il faudrait juger des ouvrages de Dieu aussi sagement que Socrate jugea de ceux d'Heraclite en disant : ce que j'en ai entendu me plaît, je crois que le reste ne me plairait pas moins si je l'entendais. » (§116.) Aristote et Gœthe ont comparé la nature à un grand artiste.

61.　　　Revenir plus haut en :a et b Sous-divisée actuellement sans fin. — Ces vues de Leibniz qui ont été confirmées par la science moderne lui ont été inspirées par les découvertes de Leuwenhoeck. « Les recherches des modernes nous ont appris, et la raison l'approuve, que les vivants dont les organes nous sont connus, c'est-à-dire les plantes et les animaux, ne viennent point d'une putréfaction ou d'un chaos, comme les Anciens l'ont cru, mais de semences préformées, et, par conséquent, de la transformation des vivants préexistants. Il y a de petits animaux dans les semences des grands, qui, par le moyen de la conception, prennent un revêtement nouveau, qu'ils s'approprient, et qui leur donne le moyen de se nourrir et de s'agrandir, pour passer sur un plus grand théâtre, et faire la propagation du grand animal. » (Princ. de la Nat. et de la Gr., §6.) Il dit dans le même ouvrage : « C'est ici que les transformations de MM. Swammerdam, Malpighi et Leuwenhoeck, qui sont des plus excellents observateurs de notre temps, sont venues à mon secours. »

62.　　　Revenir plus haut en :a et b Un jardin plein de plantes, un étang plein de poissons. — La Pathologie cellulaire de Virchow est le commentaire physiologique de ces vues de Leibniz. Chaque cellule est un animalcule qui a sa vie propre, son évolution individuelle, qui se reproduit, et finalement meurt et fait place à d'autres.

Haeckel, interprétant cette théorie, a même inventé et esquissé une Psychologie cellulaire, où il est question d'âmes cellulaires et de cellules psychiques. On voit que ces théories nouvelles n'ont rien, au fond, qui choque et contredise les idées de Leibniz ; il les avait, au contraire, prévues et annoncées. Cette invasion de la physiologie, en psychologie, n'aurait donc rien qui l'effrayât : plus il y aura de foyers de vie, plus il y aura d'âmes à étudier, car qui dit vie, dit spontanéité, et qui dit spontanéité, nie le mécanisme géométrique. Dans le sang d'un homme fait, il y aurait jusqu'à soixante billions de globules cellulaires. Dans la substance cérébrale, le nombre des cellules et des fibres cérébrales, sans atteindre un chiffre aussi effrayant, est encore considérable. M. Luys fait le calcul suivant sur le nombre des cellules de l'écorce cérébrale : « Sur un espace égal à un millimètre carré de substance corticale, ayant en épaisseur un dixième de millimètre, on compte en moyenne cent à cent vingt cellules nerveuses de volume varié. Que l'on suppute maintenant, par imagination, le nombre de fois que cette petite quantité de substance corticale est en rapport avec l'ensemble, on arrivera à une évaluation de plusieurs milliers. » (Le Cerveau et ses Fonctions, p. 11.) Le même savant ajoute : « L'imagination reste confondue quand on pénètre dans le monde de ces infiniment petits, où l'on retrouve ces mêmes divisions infinies de la matière, qui frappent si vivement l'esprit dans l'étude du monde sidéral ; et lorsque, assistant ainsi aux mystérieux détails de l'organisation d'un élément anatomique qui ne se révèlent qu'à un grossissement de sept cents à huit cents diamètres, on vient à penser que ce même élément anatomique se répète par milliers dans toute l'épaisseur de l'écorce cérébrale, on ne peut s'empêcher d'être saisi d'admiration. (Ibid.) On connaît assez le passage célèbre de Pascal sur les deux infinis : « Qu'un ciron lui offre, dans la petitesse de son corps, des parties incomparablement plus petites, des jambes avec des jointures, des veines dans ces jambes, du sang dans ces veines, des humeurs dans ce sang, des gouttes dans ces humeurs, des vapeurs dans ces gouttes, etc. » (Ed. Havet, t. Ier, p. 2.) On remarquera le progrès réalisé sur ce point depuis Pascal : 1° chez Pascal, qui, d'ailleurs, se place à un point de vue tout mécanique, simple divination d'une imagination puissante ; 2° chez Leibniz, guidé par les découvertes microscopiques de son temps, intuition métaphysique ; 3° chez les savants de nos jours, vérité démontrée et, pour ainsi dire, visible et palpable. Ces myriades d'êtres infinitésimaux, Pascal les devine, Leibniz les voit, et la science contemporaine les compte.

63.   Rien d'inculte, de stérile, de mort dans l'Univers. — Ce qui serait inculte et stérile, ce serait l'atome ; ce qui serait mort, ce serait le vide. « Quand j'étais jeune garçon, je donnai aussi dans le Vide et dans les Atomes ; mais la raison me ramena. L'imagination était riante. On borne là ses recherches ; on fixe la méditation comme avec un clou ; on croit avoir trouvé les premiers éléments, un non plus ultra. Nous voudrions que la Nature n'allât pas plus loin, qu'elle fût finie comme notre esprit ; mais ce n'est point connaître la grandeur et la majesté de l'auteur des choses. Le moindre corpuscule est actuellement subdivisé à l'infini, et contient un monde de nouvelles créatures, dont l'univers manquerait, si ce corpuscule était un atome, c'est-à-dire un corps tout d'une pièce, sans subdivision… Quelle raison peut-on assigner de borner la nature dans le progrès de la subdivision ? Fictions purement arbitraires et indignes de la vraie Philosophie. Les raisons qu'on allègue pour le vide, ne sont que des sophismes. » (Lettres entre Leibniz et Clarke, Erdm. 758, b.)

64.   Entéléchie ou âme dominante. — Toutefois, il ne faudrait pas interpréter Leibniz comme s'il était absolument partisan des Archées, de van Helmont. Les analogies sont profondes ; mais Leibniz ne saurait admettre l'influence réelle des archées ou principes de vie ; elle ne saurait être qu'idéale. Il condamne donc ceux qui « ont cru que ces principes de vie changent le cours du mouvement des corps », et il ajoute : « On en peut dire autant de ceux qui ont employé des Archées, ou des Principes Hylarchiques, ou d'autres principes immatériels, sous les différents noms. » (Consid. sur le Princ. de la Vie, Erdm., 429. b.) Cependant, van Helmont lui-même avait écrit : « L'archée et la matière sont deux causes qui ne peuvent agir l'une sur l'autre ; et toutes deux ensemble forment l'être concret. » Mais il admettait une matière à côté des archées, comme le prouve ce passage : « Au dernier jour, il suffira à l'auteur de la nature de reprendre les esprits séminaux répandus dans la matière, aussitôt les étoiles tomberont, et le monde actuel périra. »

65.   Destinés toujours à son service. — À vrai dire, le corps

est immortel comme l'âme, mais le corps phénoménal n'est qu'un agrégat de forces simples, et change perpétuellement, à mesure que ses forces se renouvellent par la circulation de la vie : comme phénomène, le corps est périssable ; il n'est immortel que métaphysiquement et dans ses éléments constitutifs. Mais ce que Leibniz affirme constamment, c'est que l'âme ne cessera jamais d'être jointe à un corps organisé, et c'est dans ce sens que le corps, même comme phénomène, est impérissable. Il n'y a pas d'âmes séparées : à toute âme, il faut un point de vue, c'est-à-dire un corps. Le flux perpétuel des molécules n'est donc jamais que superficiel ; dans les profondeurs de l'organisme, règne le calme des eaux profondes, mobiles pourtant, mais d'une manière presque insensible. Sans cela, la vie serait un étourdissement perpétuel, et l'âme, dans ce tourbillon vital, ne saurait se recueillir et se reconnaître. Le corps périssable symbolise donc l'immortalité, et demeure indestructible.

66.   Métamorphose, jamais métempsychose. — En effet, la métempsychose serait en complète contradiction avec un système qui nie l'existence et même la possibilité (Dieu excepté) d'âmes séparées ; le passage d'un corps à un autre exigerait une séparation momentanée, si courte qu'on la suppose. Arlequin peut bien ôter successivement tous les vêtements dont il s'était affublé, il ne peut pas se dépouiller du dernier, qui est son corps. Mais Leibniz admet la métamorphose et la croit même absolument nécessaire à la beauté de l'univers. « La sagesse doit varier. Multiplier uniquement la même chose, quelque noble qu'elle puisse être, ce serait une superfluité, ce serait une pauvreté : avoir mille Virgiles bien reliés dans sa bibliothèque, chanter toujours les airs de l'opéra de Cadmus et d'Hermione, casser toutes les porcelaines pour n'avoir que des tasses d'or, n'avoir que des boutons de diamant, ne manger que des perdrix, ne boire que du vin de Hongrie ou de Shiras : appellerait-on cela la raison.» (Théol., § 121.) La vie du corps et celle de l'esprit sont donc une métamorphose et un rajeunissement perpétuels. La vie future elle-même ne se peut concevoir immobile : ce serait la mort. La vie future ne peut être que le « passage continuel à de nouvelles joies et à de nouvelles perfections ».

67.   Ni génération entière, ni mort parfaite. — C'est surtout dans sa correspondance avec Arnauld, que Leibniz, pressé par

son adversaire, développe ses idées sur ce point essentiel. Arnauld lui demande un peu ironiquement ce qu'est devenue l'âme du bélier immolé par Abraham, et brûlé ensuite sur le bûcher : ce que deviennent les milliers d'âmes de vers à soie, qui sont brûlés dans l'incendie d'une magnanerie. Leibniz répond en citant les expériences de Leuwenhoeck, et en développant ses idées sur la génération des animaux : si génération n'est que développement, corruption ou mort peut bien n'être aussi qu'enveloppement. « Il est vrai qu'il n'est pas si aisé de le rendre croyable par dos expériences particulières, comme à l'égard de la génération, mais on en voit la raison ; c'est parce que la génération avance d'une manière naturelle et peu à peu, ce qui nous donne le loisir d'observer, mais la mort mène trop en arrière per saltum, et retourne d'abord à des parties trop petites pour nous, parce qu'elle se fait ordinairement d'une manière trop violente, ce qui nous empêche de nous apercevoir du détail de cette rétrogradation ; cependant, le sommeil, qui est une image de la mort, les extases, l'ensevelissement d'un ver à soie dans sa coque, qui peut passer pour mort, la ressuscitation des mouches noyées... et celle des hirondelles qui prennent leurs quartiers d'hiver dans les roseaux, et qu'on trouve sans apparence de vie ; les expériences des hommes morts de froid, noyés ou étranglés, qu'on a fait revenir..., toutes ces choses peuvent confirmer mon sentiment, que ces états différents ne diffèrent que du plus et du moins, et si on n'a pas le moyen de pratiquer des ressuscitations en d'autres genres de morts, c'est, ou qu'on ne sait pas ce qu'il faudrait faire, ou que, quand on le saurait, nos mains, nos instruments et nos remèdes n'y peuvent arriver. » (Corres. de Leibniz et d'Arnauld, éd. Janet, p. 679.) Leibniz ajoute, pour répondre directement aux exemples cités par son adversaire : « Je crois avoir assez fait voir qu'il doit y avoir des entéléchies s'il y a des substances corporelles ; et quand on accorde ces entéléchies ou ces âmes, on en doit. reconnaître l'ingénérabilité et l'indestructibilité... La difficulté que vous trouvez à l'égard de ce bélier réduit en cendres, ne vient que de ce que je ne m'étais pas assez expliqué, car vous supposez qu'il ne reste point de corps organisé dans ces cendres, ce qui vous donne droit de dire, que ce serait une chose monstrueuse, que cette infinité d'âmes sans corps organisés, au lieu que je suppose que, naturellement, il n'y a point d'âme sans corps animé, et point de corps animé sans organes : et ni cendres ni autres masses ne me paraissent incapables de contenir des corps organisés. » (Ibid.) Le mot naturellement, dans l'avant-dernière phrase, est une concession du théologien : Leibniz ne fait pas cette réserve dans la Monadologie, et déclare qu'il n'y a pas de Génies sans corps (ou d'Anges absolument immatériels).

68.   Les philosophes ont été fort embarrassés sur l'origine des formes. — « Je viens à l'article des formes ou âmes que je tiens indivisibles et indestructibles. Je ne suis pas le premier de cette opinion. Parménide (dont Platon parle avec vénération), aussi bien que Mélite, a soutenu qu'il n'y avait point de génération, ni conception qu'en apparence : Aristote le témoigne (du Ciel, t. III, ch. II). Et l'auteur du 1er livre De diæta, qu'on attribue à Hippocrate, dit expressément qu'un animal ne saurait être engendré tout de nouveau, ni détruit tout à fait. Albert le Grand et Jean Bacon semblent avoir cru que les formes substantielles étaient déjà cachées dans la matière de tout temps : Fernel les fait descendre du ciel, pour ne rien dire de ceux qui les détachent de l'Âme du monde. Ils ont tous vu une partie de la vérité, mais ils ne l'ont pas développée : plusieurs ont cru la transmigration, d'autres la traduction des âmes, au lieu de s'aviser de la transmigration et transformation d'un animal déjà formé. D'autres, ne pouvant expliquer autrement l'origine des formes ont accordé qu'elles commencent par une véritable création, et au lieu que je n'admets cette création dans la suite des temps qu'à l'égard de l'âme raisonnable, et tiens que toutes les formes qui ne pensent point ont été créées avec le monde, ils croient que cette création arrive tous les jours quand le moindre vers est engendré. » (Lettre à Arnauld, éd. Janet, p. 673.) On sait que la théorie de la préformation ou de l'emboîtement des germes est aujourd'hui abandonnée. En revanche, les beaux travaux de M. Pasteur ont démontré qu'il n'y a jamais eu de génération spontanée, et que jusqu'ici tous les êtres qu'on a vus naître sont sortis non « d'un chaos ou d'une putréfaction » mais de semences ou de germes préexistants et partout répandus, même dans l'atmosphère et l'air qui semble le plus pur. On sait aussi que la médecine tend de plus en plus à expliquer par ces germes ou microbes la plupart des maladies.

69.   Il n'y a qu'un petit nombre d'êtres. — L'élection dont il s'agit

ici, c'est le développement de la semence, du germe, du microbe et le passage de l'animalcule « sur un plus grand théâtre. » Il devient à son tour monade dominante et se subordonne d'autres monades en vertu même de la perfection qui est en lui. Il se les subordonne mais ne se les agrège pas et ne perd rien de sa parfaite unité et simplicité. La vie est essentiellement indivisible : « Quoiqu'il se puisse qu'une âme ait un corps composé de parties animées par ces âmes à part, l'âme ou forme du tout n'est pas pour cela composée des âmes ou formes des parties. Pour ce qui est d'un insecte qu'on coupe, il n'est pas nécessaire que les deux parties demeurent animées quoiqu'il leur reste quelque mouvement. Au moins l'âme de l'insecte entier ne demeurera que d'un seul côté, et comme dans la formation et l'accroissement de l'insecte, l'âme y était dès le commencement dans une certaine partie déjà vivante, elle restera aussi, après la destruction de l'insecte, dans une certaine partie encore vivante, qui sera toujours aussi petite qu'il le faut, pour être à couvert de l'action de celui qui déchire ou dissipe le corps de cet insecte, sans qu'il soit besoin de s'imaginer avec les Juifs un petit os d'une dureté insurmontable où l'âme se sauve. » (Lettre à Arnauld. éd. Janet, p. 638.)

70.   Ce n'était que la moitié de la vérité. — « J'aime, dit Leibniz, des maximes qui se soutiennent, et où il y a le moins d'exceptions qu'il est possible : voici ce qui m'a paru le plus raisonnable en tout sens sur cette importante question. Je tiens que les âmes et généralement les substances simples ne sauraient commencer que par la création, ni finir que par l'annihilation : et, comme la formation des corps organiques animés ne paraît explicable dans l'ordre de la nature que lorsqu'on suppose une préformation déjà organique, j'en ai inféré que ce que nous appelons génération d'un animal n'est qu'une transformation et augmentation, puisque le corps était déjà animé et qu'il avait la même âme ; de même que je juge vice versa de la conservation de l'âme lorsqu'elle est créée une fois, l'animal est conservé aussi, et que la mort apparente n'est qu'un enveloppement ; n'y ayant point d'apparence que dans l'ordre de la nature, il y ait des âmes entièrement séparées de tout corps, ni que ce qui ne commence point naturellement, puisse cesser par les forces de la nature, » (Théod., § 90.) Ainsi, selon Leibniz, il n'y a pas même lieu de prouver l'immortalité. C'est elle qui est naturelle

: ce serait l'annihilation des âmes qui serait contre nature et constituerait un vrai miracle sans raison suffisante ou plutôt contre toute raison. C'est à ceux qui soutiendraient cette annihilation miraculeuse qu'incomberait l'onus probandi.

71.   Expliquer naturellement l'union de l'âme et du corps organique. — Cette union consiste dans une conformité réciproque et Leibniz oppose son explication, qu'il appelle naturelle, à l'explication miraculeuse de Malebranche qui fait intervenir Dieu comme cause réelle et efficiente et ne reconnaît qu'une union de conformité occasionnelle. « L'hypothèse des causes occasionnelles ne satisfait pas, ce me semble, à un philosophe. Car elle introduit une manière de miracle continuel, comme si Dieu à tout moment changeait les lois des corps à l'occasion des pensées, des esprits, ou changeait le cours régulier des pensées de l'âme en y excitant d'autres pensées à l'occasion des mouvements du corps... Il n'y a donc que l'hypothèse de la concomitance ou de l'accord des substances entre elles, qui explique tout d'une manière convenable et digne de Dieu... Il me semble aussi qu'elle s'accorde bien davantage avec la liberté des créatures raisonnables que l'hypothèse des impressions ou celle des causes occasionnelles... L'âme cependant ne laisse pas d'être la forme de son corps, parce qu'elle exprime les phénomènes de tous les autres corps suivant le rapport du sien, » (Lettre à Arnauld, éd. Janet, p. 619.) Leibniz fait donc ressortir le triple avantage que son hypothèse lui parait avoir sur celle de Malebranche : le elle est plus conforme aux exigences de la science ; 2e elle donne une plus haute idée de la dignité de Dieu ; 3e elle sauvegarde mieux la liberté des créatures. L'explication de Malebranche lui paraît être celle d'un théologien, la sienne celle d'un philosophe : avons-nous besoin de dire que Leibniz abonde dans son propre sens et se montre injuste pour Malebranche qui n'admettait aucun miracle, même en théologie, les faisant rentrer eux-mêmes dans les lois naturelles, ce qui lui attira cette condamnation sévère de Bossuet, pulchra, noca, falsa. (Voy. la note du §51.)

72.   Causes efficientes... Causes finales. — Dans les corps il n'y a que des mouvements provenant d'autres mouvements : tout s'y réduit à la mécanique et c'est d'eux que Descartes peut dire omnia mathematica fiunt. Mais le monde des corps n'est

que phénomène, apparence, l'antichambre de l'être, comme le cartésianisme est, selon Leibniz, l'antichambre de la vérité. Il faut donc au mécanisme qui est véritable pourvu qu'on le restreigne surajouter ; superaddere, le dynamisme. Les lois mécaniques ne font qu'exprimer à leur manière, que symboliser ce qui se passe dans l'intérieur de l'être. Quant à l'être lui-même, il ne renferme que tendance et perceptions : les séries de ces perceptions s'ordonnent en systèmes parce qu'elles tendent naturellement au bien, à une perfection plus haute, et c'est la définition même de la cause finale. D'ailleurs, les esprits contiennent tout ce qu'il y a de perfection et de beauté dans les corps, dans la mécanique : ils contiennent éminemment cette perfection, et cette beauté, et voilà pourquoi les deux règnes sont harmoniques.

73.　　Il y a toujours la même quantité de force dans la matière. — Voici le passage des Principes où Descartes soutient que la quantité de mouvement doit rester identique dans l'univers par la raison que Dieu est immuable : Generalem (motus causam) quod attinet, manifestum mihi videtur illam non aliam esse, quam Deum ipsum, qui materiam simul cum motu et quiete in principio creavit, jamque per solum suum concursum ordinarium, tantumdem motus et quietis in ea tota quantum tune posuit. Nam quamvis ille motus nihil aliud sit in materia mota quam ejus modus, certam tamen et determinatam habet quantitatem, quam facile intelligimus eamdem semper in lota rerum universitate esse posse, quamvis in singulis ejus partibus mutatur. (Princ., II, 36.) Ainsi, la conservation du mouvement en quantité toujours égale, bien qu'inégalement et diversement réparti, est déduite de l'immutabilité divine. On comprend donc que les âmes soient radicalement impuissantes à jeter dans la circulation universelle une quantité quelconque de mouvement, mais qu'elles puissent changer la direction du mouvement qui existe dans le monde et dérive de la « première chiquenaude » comme parle Pascal. On sait que Leibniz substitue à la quantité de mouvement (m v) la quantité de force vive (m v²), comme quantité constante et invariable. Le principe de la permanence de la force ou de la conservation de l'énergie, si souvent invoqué par les physiciens et les métaphysiciens contemporains, porte que ce n'est ni la quantité de mouvement, comme le croyait Descartes, ni la quantité de force vive, comme le soutenait Leibniz, qui est constante dans l'univers, mais la quantité d'énergie actuelle ou potentielle. Ainsi la pierre qui couronne la plus haute des pyramides contient encore les forces déployées pour la hisser à cette hauteur : elle peut les rendre et les restituer à la nature, par exemple, par sa chute qui représente dans le mouvement et l'accélération du mouvement une énorme quantité de force vive actuellement immobilisée et potentielle.

Que l'âme pouvait changer la direction des corps. — Leibniz rend sensible par une ingénieuse comparaison la théorie cartésienne : « M. Descartes a voulu capituler, et faire dépendre de l'âme une partie de l'action du corps. Il n'a pas jugé possible que l'influence de l'âme violât cette loi des corps, mais il a cru que l'âme pourrait pourtant avoir le pouvoir de changer la direction des mouvements qui se font dans les corps ; à peu près comme un cavalier, quoiqu'il ne donne point de force au cheval qu'il monte, ne laisse pas de le gouverner en dirigeant cette force du côté que bon lui semble. Mais comme cela se fait par le moyen du frein, du mors, des éperons, et d'autres aides matérielles, on conçoit comment cela se peut ; mais il n'y a point d'instruments dont l'âme se puisse servir pour cet effet, rien enfin dans l'âme, ni dans le corps, c'est-à-dire ni dans la pensée, ni dans la masse qui puisse servir à expliquer ce changement de l'un par l'autre. En un mot, que l'âme change la quantité de la force, et qu'elle change la ligne de la direction, ce sont deux choses également inexplicables. » (Théod., §60.) De nos jours, un savant français, M. Boussinesq, fidèle sur ce point à la pensée cartésienne, a essayé de lever la difficulté en soutenant que l'artifice de la nature dans les corps organisés, consiste à préparer des cas indifférents. Le mouvement peut être représenté par une formule algébrique. Or, il se trouve qu'en interprétant cette formule, il arrive quelquefois qu'elle est également vérifiée si le mobile prend telle ou telle direction, va à droite ou à gauche, monte ou descend. Voilà donc un mobile absolument indifférent en ce qui concerne la direction. Si nous revenons à la comparaison de Leibniz, le cavalier n'aura besoin d'aucun effort du mors ou de l'éperon puisqu'il n'aura à vaincre aucune résistance : par conséquent, il ne sera obligé ni d'introduire une foire, ni de changer une direction. Supposez maintenant, qu'un cas d'indifférence analogue se trouve préparé par la nature chaque fois que l'âme veut tel ou tel mouvement du corps, et la plupart des difficultés seront levées. Reste à savoir si cette solution ingénieuse ne rentre pas dans la théorie leibnizienne : préparer les cas d'indifférence, n'est-ce pas établir d'avance l'harmonie entre les deux substances ? En tous cas, il semble que la spontanéité de l'âme soit mieux sauvegardée si les vues de M. Boussinesq sont exactes. Toutefois, Maine de Biran lui ferait cette objection, que s'il y a une résistance nulle, notre effort ne saurait être conscient ni même être conçu.

74.   Comme si l'un influait sur l'autre. — Au fond l'action (apparente) de l'âme sur le corps est un cas particulier de l'action d'un esprit sur un autre esprit, ou, si l'on veut, de l'intelligence de l'homme sur l'instinct d'un animal. On sait que la comparaison des deux horloges était familière à Leibniz : « Figurez-vous deux horloges ou montres qui s'accordent parfaitement. Or cela se peut faire de trois manières : la 1re consiste dans une influence mutuelle ; la 2e est d'y attacher un ouvrier habile qui les redresse et les mette d'accord à tous moments ; la 3e est de fabriquer ces deux pendules avec tant d'art et de justesse, qu'on se puisse assurer de leur accord dans la suite. Mettez maintenant l'âme et le corps à la place de ces deux pendules; leur accord peut arriver par l'une de ces trois manières. La voie d'influence est celle de la philosophie vulgaire... La voie de l'assistance continuelle du Créateur est celle du système des causes occasionnelles. Il ne reste que mon hypothèse, c'est-à-dire la voie de l'harmonie. » (Second éclairc., du syst. de la comm. des substances, Erdm., 133, b.)

75.   La prérogative des esprits. — Il n'y a pas d'origine des entéléchies, mais il y a une origine des âmes : la génération est l'acte par lequel les entéléchies sont élevées à la dignité d'esprit. « Je croirais que les âmes qui seront un jour âmes humaines comme celle des autres espèces, ont été dans les semences, et dans les ancêtres jusqu'à Adam, et ont existé par conséquent depuis le commencement des choses, toujours dans une manière de corps organique... Mais il me paraît encore plus convenable pour plusieurs raisons, qu'elles n'existaient alors qu'en âmes sensitives ou animales, douées de perception et de sentiment et destituées de raison ; et qu'elles sont demeurées dans cet état jusqu'au temps de la génération de l'homme à qui elles devaient appartenir, mais qu'alors elles ont reçu la raison ; soit qu'il y ait un moyen naturel

d'élever une âme sensitive au degré d'âme raisonnable (ce que j'ai de la peine à concevoir), soit que Dieu ait donné la raison à cette âme par une opération particulière, ou (si vous voulez) par une espèce de transcréation. » (Théod., § 527.) Ce texte important nous montre que les théories transformiste et évolutionniste auraient paru à Leibniz difficiles à concevoir, mais que pourtant sa métaphysique aurait pu s'en accommoder et les absorber. L'évolution est l'âme même de la philosophie de Leibniz : seulement, on conçoit que la lutte pour la vie et la sélection naturelle, procédés extérieurs, pour ainsi dire, de transformation et d'évolution ne lui auraient point paru des explications suffisantes. C'est dans l'acte lui-même et dans la loi interne de ses opérations qu'il veut qu'on cherche le principe de son développement. Quant à cette transcréation dont Leibniz parle dans le texte cité précédemment, il la donne plus loin comme un essai de conciliation entre la théologie et la philosophie : il serait plus vrai de dire que c'est une abdication pure et simple de la philosophie au profit de la théologie. Plus loin, il en convient et semble se repentir de ce coup de désespoir d'une métaphysique aux abois : « J'ai jugé qu'on pouvait attribuer cette élévation de l'âme sensitive (qui la fait parvenir à un degré essentiellement plus sublime, c'est-à-dire à la raison) à l'opération extraordinaire de Dieu. Cependant il sera bon d'ajouter que j'aimerais mieux me passer du miracle dans la génération de l'homme. » (Ibid., § 397.) C'était bien la peine, en effet, de reprocher si sévèrement à Malebranche de faire intervenir Dieu à tout propos comme un Deus ex machina, alors que Malebranche (plus conséquent au fond que Leibniz et qui sait mille fois mieux que le philosophe allemand, concilier sa philosophie avec sa théologie en subordonnant celle-ci à la première) déclare que les miracles eux-mêmes rentrent dans les lois naturelles. Mais voyons comment Leibniz va se passer du miracle : « Cela se pourra expliquer en concevant que dans ce grand nombre d'âmes et d'animaux, ou du moins de corps organiques vivants qui sont dans les semences, ces Âmes seules qui sont destinées à parvenir un jour à la nature humaine, enveloppent la raison qui y paraîtra un jour de ce que les seuls corps organiques sont préformés et prédisposés à prendre un jour la forme humaine. » (Ibid., § 397.) C'est tout simplement une hypothèse subsidiaire, ce n'est nullement une explication.

76.   Une petite divinité dans son département. — « L'esprit n'a pas seulement une perception des ouvrages de Dieu, mais il est même capable de produire quelque chose qui leur ressemble, quoiqu'on petit. Car, pour ne rien dire des merveilles des songes, où nous inventons sans peine et sans avoir même la volonté des choses auxquelles il faudrait penser longtemps pour les trouver quand on veille, notre Âme est architectonique encore dans les actions volontaires, et, découvrant les sciences suivant lesquelles Dieu a réglé les choses (pondere, mensura, numero), elle imite dans son département et dans son petit monde où il lui est permis de s'exercer, ce que Dieu a fait dans le grand. » (Princ. de la Nat. et de la Gr., 14, Erdm., p. 717, a.)

77.   La cité de Dieu. — Souvenir de saint Augustin. Il faut remarquer que dans cette cité de Dieu, Leibniz fait entrer tous les esprits, tandis que saint Augustin n'y comprenait que les chrétiens. Socrate avait conçu l'idée d'une société universelle des hommes et s'appelait κοσμοπολίτης (kosmopolitês), citoyen du monde. La cité de Dieu de saint Augustin s'opposait à la cité terrestre, à l'État ; pour Leibniz elle est le monde des esprits, en opposition au monde des créatures en général : il en exclut nos frères inférieurs, les animaux. Rien de ce qui est humain ne lui est étranger. Il faudrait encore élargir la formule et dire que rien de ce qui est vivant et sentant ne nous est étranger.

78.   Monde moral... gloire de Dieu. — On connaît les trois ordres de Pascal, les trois vies de Maine de Biran. « La distance infinie des corps aux esprits, où Pascal figure la distance infiniment plus infinie des esprits à la charité... Tous les corps, le firmament, les étoiles, la terre et ses royaumes ne valent pas le moindre des esprits, car il connaît tout cela et soi, et les corps rien. Tous les corps ensemble et tous les esprits ensemble et toutes leurs productions ne valent pas le moindre mouvement de charité ; cela est d'un ordre infiniment plus élevé. De tous les corps ensemble, on n'en saurait faire sortir une petite pensée ; cela est impossible et d'un autre ordre. De tous les corps et esprits, on n'en saurait tirer un mouvement de vraie charité : cela est impossible et d'un autre ordre. » (Ed. Havet. t. II, p. 15.) De même Maine de Biran. « Le royaume de Dieu, c'est la vie de l'esprit qui n'arrive que pour l'homme intérieur, tout le reste est du dehors, de la chair qui meurt à chaque instant...

L'expérience prouve qu'agir, méditer, prier sont toujours les conditions nécessaires de la manifestation et du développement de la vie de l'esprit… Mais la plus parfaite harmonie entre l'organisme animal et l'automate intellectuel ne constitue pas la vie de l'homme spirituel. Cette vie est supérieure non seulement à l'instinct de l'animalité, mais encore à l'instinct de l'humanité… Mon Dieu, délivrez-moi du mal : c'est-à-dire de cet état du corps qui offusque et absorbe toutes les facultés de mon âme, ou donnez à mon âme cette force qu'elle n'a pas en elle-même pour s'élever vers vous et trouver son repos, quel que soit l'état de mon corps et de quelque côté que souffle le vent de l'instabilité. » (Pensées, publiées par E. Naville, 383, sqq.) Enfin Kant a développé des idées analogues avec une rare profondeur : « Ce n'est pas dans l'homme la faculté de connaître, la raison théorique qui donne une valeur à tout ce qui existe, c'est-à-dire que l'homme n'existe pas pour qu'il y ait un contemplateur du monde. En effet, si cette contemplation ne nous représente que des choses sans but, ce seul fait d'être connu ne peut donner au monde aucune valeur ; et il faut déjà lui supposer un but final, qui lui-même donne un but à la contemplation du monde. » (Crit. du jug., §85.) Pascal, Biran, Kant, ces trois théoriciens profonds de la volonté libre, corrigent heureusement ce qu'il y a de trop exclusivement intellectuel dans le système de Leibniz. Kant a raison de dire que Leibniz intellectualise les phénomènes, mais ce n'est pas assez dire, il lui arrive aussi d'intellectualiser le vouloir et l'amour et de tout résoudre en une sorte de poussière intellectuelle, où l'homme moral se retrouve difficilement.

79.   Causes efficientes… causes finales… règne de la nature…, règne de la grâce. — Nous avons vu successivement la nature des causes efficientes ou du mécanisme et des causes finales ou du dynamisme que Leibniz y surajoute ; l'ensemble des êtres soumis à la double loi des causes efficientes et des causes finales, c'est le règne de la nature. Avec l'idée de bonté commence le règne de la grâce : au dynamisme lui-même, Leibniz surajoute le monde purement moral et lui donne le nom qu'il avait dans les controverses théologiques de son temps. Il l'appelle le règne moral de la grâce. Voici comment il le caractérise et le décrit, dans les Principes de la Nature et de la Grâce, §15 : « Tous les esprits, soit des hommes, soit des génies, entrant en vertu de la raison et des vérités éternelles

dans une espèce de société avec Dieu, sont des membres de la Cité de Dieu, c'est-à-dire du plus parfait État, formé, et gouverné par le plus grand et le meilleur des monarques ; où il n'y a point de crime sans châtiment, point de bonnes actions sans récompense proportionnée ; et enfin, autant de vertu et de bonheur qu'il est possible ; et cela, non pas par un dérangement de la nature ; comme si ce que Dieu prépare aux âmes troublait les lois des corps ; mais par l'ordre même des choses naturelles, en vertu de l'harmonie préétablie de tout temps entre les règnes de la nature et de la grâce, entre Dieu comme architecte, et Dieu comme monarque ; en sorte que la nature mène à la grâce, et que la grâce perfectionne la nature en s'en servant. » Leibniz écrit ensuite la félicité qui doit résulter finalement de cet accord des deux règnes : « Dieu étant aussi la plus parfaite et la plus heureuse, et par conséquent la plus aimable des substances, et l'amour pur véritable consistant dans l'état qui fait goûter du plaisir dans les perfections et dans les félicités de ce qu'on aime, cet amour doit nous donner le plus grand plaisir dont on puisse être capable quand Dieu en est l'objet. » (Ibid., §16.) On remarquera cette admirable définition de l'amour, qui consiste à trouver son bonheur dans les perfections et dans la félicité de ce qu'on aime.

80.   Les choses conduisent à la grâce. — C'est la pensée profonde développée par Spinoza, quand il dit que la béatitude n'est pas la récompense de la vertu, mais la vertu même : que Dieu n'est point un juge qui punit et récompense, mais que la punition et la récompense découlent de la nature même des choses aussi inévitablement que l'égalité de ses trois angles à deux droits dérive de la nature du triangle. « La raison ne demande rien de contraire à la nature... Les hommes ne peuvent rien souhaiter de mieux, pour la conservation de leur être, que cet amour de tout en toutes choses, qui fait que toutes les âmes de tous les corps ne forment, pour ainsi dire, qu'une seule âme et un seul corps... Les hommes que la raison gouverne ne désirent rien pour eux-mêmes, qu'ils ne désirent également pour tous les autres, et sont par conséquent, des hommes justes, probes et honnêtes. » (Eth., p. 4, prop. 18. Scholie.) Dans sa lettre à Guillaume de Blyembergh, Spinoza se défend éloquemment d'assimiler l'homme à la bête et de rendre impossible le règne de la grâce et l'immortalité. « Comment ai-

je pu, je vous prie, vous donner sujet de m'attribuer des opinions comme celles-ci : que les hommes sont semblables aux bêtes, qu'ils périssent comme elles... N'ai-je pas déclaré le plus clairement du monde, que les bons honorent Dieu, qu'ils deviennent plus parfaits par le culte qu'ils lui rendent, qu'ils aiment Dieu ? Est-ce là, je le demande, les assimiler aux bêtes ? Est-ce dire qu'ils périssent comme elles et que leurs œuvres ne plaisent point à Dieu... Et n'allez pas croire que je nie l'utilité des prières ; car mon esprit est trop borné pour déterminer tous les moyens dont Dieu se sert pour amener les hommes à l'aimer, c'est-à-dire à faire leur salut. » Pour le châtiment des uns et la récompense des autres. — conçoit-il l'immortalité des âmes ? Il oppose sur ce point, sa propre théorie à celle de Spinoza pour lequel il se montre extrêmement sévère. On voit dans la note précédente que les conclusions des deux doctrines ne manquent pas d'analogie : Le Ve livre de l'Ethique, De Libertate, développe bien des propositions analogues à celles que nous trouvons dans la Monadologie. Sur l'immortalité, la pensée de Spinoza n'est pas facile à saisir, mais c'est parce qu'il ne s'est pas contenté d'affirmer l'immortalité, il a voulu en déterminer la nature. Quoi qu'il en soit, Leibniz oppose sa théorie à celle de Spinoza dans les termes suivants : « Spinoza dit que la mémoire et l'imagination s'évanouissent avec le corps. Mais je pense pour ma part, que toujours quelque imagination et quelque mémoire demeurent, et que sans elles, l'âme serait un pur néant. Il ne faut pas croire que la raison existe sans le sentiment ou sans une âme. Une raison sans imagination ni mémoire est une conséquence sans prémisses. Aristote aussi a pensé que la raison et l'intellect agent subsistent et non l'âme. Mais souvent l'âme agit et la raison est passive. » (Réf. inéd., p. 59.)

81.   En vertu même de la structure mécanique des choses, — Leibniz s'attache constamment à éliminer de la philosophie le miracle et l'exception. Tout doit réussir aux bons parce que la bonté ou le règne de la grâce continue le règne de la nature, loin de le détruire ou d'être en contradiction avec ses lois. Le bien absolu est mon bien, car mon bien y est compris et en fuit partie. Toute faute vient donc d'ignorance, omne peccatum ab errore, parce que je ne puis poursuivre que mon bien, et si j'étais assez éclairé, je verrais évidemment en toute circonstance celle parfaite identité de

mon bien et du bien absolu. À la fin des Principes de la Nature et de la Grâce, Leibniz nous donne son dernier mot non seulement sur la certitude, mais encore sur la nature, telle qu'il la conçoit, d'une vie future : « On peut même dire que dès à présent l'amour de Dieu nous fait jouir d'un avant-goût de la félicité future. Et quoiqu'il soit désintéressé, il fait par lui-même notre plus grand bien et intérêt, quand même on ne l'y chercherait pas, et quand on ne considérerait que le plaisir qu'il donne, sans avoir égard à l'utilité qu'il produit ; car il nous donne une parfaite confiance dans la bonté de notre auteur et maître, laquelle produit une véritable tranquillité de l'esprit, non pas comme chez les Stoïciens résolus à une patience par force, mais par un contentement présent qui nous assure même le bonheur futur. » C'est ce que Spinoza appelle l'amour intellectuel de Dieu. Les deux philosophes professent que la vie dite future est improprement nommée, car elle existe dès cette vie ; c'est la vie de la raison. Leibniz continue : « Outre le plaisir présent, rien ne saurait être plus utile pour l'avenir, car l'amour de Dieu remplit encore nos espérances et nous mène dans le chemin du suprême bonheur, parce qu'en vertu du parfait ordre qui règne dans l'univers tout est fait le mieux qu'il est possible, tant pour le bien général que pour le plus grand bien particulier de ceux qui en sont persuadés et qui sont contents du divin gouvernement ; ce qui ne saurait manquer dans ceux qui savent aimer la source de tout bien. » De même que Kant affirme que le premier des devoirs, c'est de croire au devoir et à la liberté qui rend le devoir possible, de même Leibniz soutient que c'est un devoir pour l'homme d'être optimiste et de croire au bien. Dans cette croyance, il puise la force morale. Dans la Cité de Dieu ou le monde des esprits, le pessimisme représenta l'opposition ; elle peut avoir sa raison d'être dans un autre gouvernement, mais dans celui-là elle est un non-sens ; les mécontents, les anarchistes et les nihilistes y sont condamnés à une radicale impuissance. Le pessimisme est donc illogique, impuissant et monstrueux. L'optimisme pourtant ne saurait être absolu : il y a place, même chez Leibniz, pour un système intermédiaire, le méliorisme, et c'est la raison d'être, éternelle du pessimisme, car qui dit méliorisme, dit qu'une partie du bien n'est point réalisée, ni peut-être réalisable. Si vous concentrez vos regards uniquement sur ce côté des choses, vous serez dans un sens, légitimement pessimiste. « Il est vrai que la suprême félicité, de quelque vision béatifique, ou connaissance de Dieu qu'elle soit accompagnée ne saurait jamais être pleine ; parce que, Dieu étant infini, il ne saurait jamais être connu entièrement. Ainsi, notre bonheur ne consistera jamais et ne doit point consister dans une pleine jouissance où il n'y aurait rien à désirer, et qui rendrait notre esprit stupide ; mais dans un progrès perpétuel à de nouveaux plaisirs et de nouvelles perfections. » Ainsi le véritable nom moderne de l'optimisme, celui qui doit remplacer désormais le nom même d'optimisme un peu démodé et discrédité, c'est progrès ; et les partisans du progrès seront les vrais héritiers de la doctrine de Leibniz pourvu qu'ils pensent comme Sénèque, qu'à ceux qui montent les dieux tendent la main, ascendentibus manum porrigunt.

ISBN : 978-3-96787-285-9

CPSIA information can be obtained
at www.ICGtesting.com
Printed in the USA
LVHW030624070423
743689LV00025B/570